A SUJEIÇÃO DAS MULHERES

JOHN STUART MILL

A SUJEIÇÃO DAS MULHERES

PREFÁCIO
Bernardo de Vasconcelos

ORGANIZAÇÃO
António de Araújo

ALMEDINA

A SUJEIÇÃO DAS MULHERES

AUTOR
JOHN STUART MILL

COORDENAÇÃO
ANTÓNIO DE ARAÚJO

PREFÁCIO
BERNARDO DE VASCONCELOS

TRADUÇÃO
BENEDITA BETTENCOURT

EDITOR
EDIÇÕES ALMEDINA. SA
Rua da Estrela, n.º 6
3000-161 Coimbra
Tel.: 239 851 904
Fax: 239 851 901
www.almedina.net
editora@almedina.net

PRÉ-IMPRESSÃO • IMPRESSÃO • ACABAMENTO
G.C. – GRÁFICA DE COIMBRA, LDA.
Palheira – Assafarge
3001-453 Coimbra
producao@graficadecoimbra.pt

Julho, 2006

DEPÓSITO LEGAL
244324/06

Os dados e opiniões inseridos na presente publicação
são da exclusiva responsabilidade do(s) seu(s) autor(es).

Toda a reprodução desta obra, por fotocópia ou outro qualquer processo,
sem prévia autorização escrita do Editor,
é ilícita e passível de procedimento judicial contra o infractor.

ÍNDICE

PREFÁCIO – (Des)Igualdade em *The Subjection of Women* de John Stuart Mill
Bernardo de Vasconcelos 7

A SUJEIÇÃO DAS MULHERES

Capítulo I 33

Capítulo II 87

Capítulo III 125

Capítulo IV 183

(Des)Igualdades em *The Subjection of Women* de John Stuart Mill

BERNARDO DE VASCONCELOS
Universidade da Madeira

> Homem e Mulher foram feitos um para o outro e não à semelhança um do outro. Temos apenas um 'direito' em comum com os homens que podemos reivindicar – e isso está tanto nas nossas mãos quanto nas deles – o direito de ter alguma coisa para fazer.[1]
>
> Dinah Maria Mulock, *A Woman's Thoughts About Women*

Quando, em 1869, John Stuart Mill, o influente filósofo liberal britânico, publicou o seu ensaio *The Subjection of Women*, as mulheres encontravam-se a meio caminho na sua cruzada pela emancipação. Esta luta havia

---

[1] 'Man and Woman were made for, and not like one another. Only one 'right' we have to assert in common with mankind – and that is as much in our hands as theirs – the right of having something to do.' (tradução minha)

começado bem lá atrás no tempo, tendo ganho novo fôlego em 1792 com a publicação de *A Vindication of the Rights of Woman*, de Mary Wollstonecraft. Muitas das questões levantadas por Mary Wollstonecraft foram retomadas por John Stuart Mill, nomeadamente a do papel da mulher na sociedade e da importância da educação para a sua efectivação. Com o empenho de Wollstonecraft no século XVIII, com a visão de Mill, no que à emancipação diz respeito, no século XIX, e com as dúvidas de Virginia Woolf no século XX, é nosso propósito questionar até que ponto o papel da mulher se alterou no decorrer do percurso diacrónico sobre o qual nos debruçamos.

Desde o tempo de Mary Wollstonecraft, a ânsia de liberdade por parte das mulheres tinha crescido de forma sustentada. Apesar da grande oposição que sempre se lhes deparava, conseguiram dar alguns passos em direcção ao seu objectivo, sobretudo no que respeita à questão da educação. Em 1847 começaram a ser ministradas aulas, as chamadas *Lectures to Ladies*, no *King's College* de Londres, de forma a certificar, àquelas que as frequentassem, a sua capacidade para exercer a função de governanta e/ou preceptora. Um ano depois, o *Queen's College for Women* abriu portas com a pretensão de abarcar todos os ramos do conhecimento considerados adequados para as mulheres. O número de mulheres que se apinhavam para assistir às aulas era impressionante e demonstrava uma sede genuína de saber. Mas depressa se chegou à conclusão de que as aulas teriam de ser de nível elementar, pois faltavam às discentes os princípios básicos de Gramática e Aritmética. Ao fim de algum tempo, começou-se a facultar aulas de Literatura Inglesa, Sociologia, Ciências e Filosofia. Em 1849 surge mais uma instituição, desta feita o *Bedford College*. Oferecia o mesmo tipo de instrução mas apresentava-se com uma inovação – uma direcção constituída por elementos de ambos os sexos.

Entretanto, as mulheres haviam procurado ocupar-se de outros assuntos que não fosse estritamente do lar. Barbara Leigh Smith, por exemplo, com ligações estreitas ao mundo da literatura e do jornalismo, propunha que as mulheres deveriam poder ser funcionárias administrativas, lojistas, médicas ou enfermeiras. Deviam, aliás, ser tudo aquilo que a sua própria competência ditasse como possível. Escusado será dizer que esta posição foi recebida pela opinião pública em geral com grande escárnio e alarido. Seria possível que as mulheres se tivessem esquecido que a sua principal função consistia em casar-se e nada mais?

Apesar da oposição cerrada, constituiu-se o *Women's Employment Bureau*, seguindo-se-lhe outras associações e sociedades, todas elas advogando o direito ao ensino superior por parte das mulheres. Determinação e persistência eram palavras chave se pretendessem alcançar os objectivos a que se proponham pois, tal como questiona Florence Nightingale em *Cassandra*, 'Porque têm as mulheres paixão, intelecto, actividade moral – estas três capacidades – e um lugar na sociedade onde nenhuma das três pode ser posta em prática?' (Nightingale, 1979: 396)[2].

Mulheres saídas de *Queen's* e *Bedford College* como Miss Beale, Miss Buss' e muitas outras, iniciaram uma luta pela efectiva abertura de escolas secundárias para raparigas. Contudo, e como seria de esperar, uma série de dificuldades se lhes depararam. Não só havia falta de professores capazes como também era escasso o capital para investir. Como se isto não bastasse, eram os próprios pais que hesitavam bastante até permitir que as suas filhas frequentassem a escola. Tinham duas reacções típicas: ou receavam o que os vizinhos iriam pensar deles ou pura e simplesmente rejeitavam a ideia de forma hostil. Apesar dos contratempos, a par de procurarem garantir o ensino secundário, mulheres como Emily Davies também empreenderam a tarefa de envidar esforços no sentido de garantir o acesso das mulheres ao ensino superior.

Em 1869, como já foi referido, John Stuart Mill retoma muitas das questões levantadas por Mary Wollstonecraft relacionadas com a educação e emancipação da mulher e as suas consequências na sociedade

---

[2] 'Why have women passion, intellect, moral activity – these three – and a place in society where no one of the three can be exercised?' (tradução minha)

como um todo. Apesar de ter decorrido quase um século desde a publicação de *A Vindication of the Rights of Woman*, apesar de todo o esforço e dedicação postos na causa, muito pouco tinha, de facto, mudado. As mulheres continuavam, regra geral, a viver no mesmo estado de subjugação.

Mill considerava que a subjugação de um sexo ao outro era 'errada em si mesma' e constituía 'um dos principais obstáculos ao progresso humano'. O sistema social, no que aos direitos da mulher dizia respeito, era a continuidade da escravatura primitiva na medida em que as mulheres eram privadas de quaisquer direitos. Com efeito, estavam até pior do que se fossem escravas pois os homens, não só lhes exigiam obediência, como também queriam o seu afecto!

Nos seus *Essays on Equality, Law and Education*, Mill afirmou:

> Na posição das mulheres, tal como a sociedade a tornou, existem duas singularidades distintas. A primeira é a subjugação doméstica da maior parte delas. [...] O outro ponto da questão tem a ver com as inúmeras incapacidades impostas às mulheres pela lei, ou por um costume que tem um peso equivalente à lei; a sua exclusão da maioria das ocupações públicas e da maior parte das ocupações privadas e o envidar de todos os esforços da sociedade em educá-las, e confiná-las, a um pequeno número de funções, com o argumento que estas são as

mais adequadas à sua natureza e capacidades. (Mill, 1984: 387)[3]

Em *The Subjection of Women*, Mill declara que todos os indivíduos do sexo masculino têm acesso a todas as posições, honrarias e vantagens sociais. Por mais humildes que sejam as suas origens, têm apenas de se defrontar com obstáculos naturais. Uma vez que não se encontram sujeitos a nenhuma restrição legal, nem por lei, nem de opinião, nada os impede de atingirem os seus objectivos para além da sua própria competência em consegui-lo. As mulheres, por outro lado, com a excepção da realeza, não são tão afortunadas. Os homens, de forma continuada e reiterada, ignoram ou subestimam as capacidades das mulheres, nunca lhes atribuindo o valor que merecem. Contudo, e pese o absurdo da situação, muitos são os casos em que os homens ficam com os louros de ideias que foram de mulheres, muitas vezes das suas próprias esposas, mas

---

[3] 'In the position of women as society has now made it, there are two distinct peculiarities. The first is the domestic subjection of the larger portion of them. [...] The other point of the question relates to the numberless disabilities imposed on women by law or by custom equivalent to law; their exclusion from most public and from a great number of private occupations, and the direction of all the forces of society towards educating them for, and confining them to, a small number of functions, on the plea that these are the most conformable to their nature and powers.' (tradução minha)

que publicamente reclamam como sendo suas. Isto sucedia sobretudo porque os homens, regra geral, não estavam ainda preparados para viver em igualdade com as mulheres e, assim, esperavam manter a subordinação da mulher à vida doméstica por força de as desqualificar em todas as outras áreas. Em defesa desta perspectiva do estado de coisas, Mill esclarece:

> Não fora por essa razão, penso que quase todos, no presente estado de opinião na política e economia política, admitiriam a injustiça de excluir metade da raça humana da maioria das ocupações lucrativas, e de quase todos os cargos sociais de nível elevado; determinando desde o seu nascimento que não se adequam, nem por qualquer meio têm possibilidades de se adequar, aos empregos que estão legalmente abertos aos mais estúpidos e torpes indivíduos do sexo oposto, ou que, não importando o seu grau de adequação, tais empregos lhes serão interditos por forma a serem preservados para o benefício exclusivo do sexo masculino. (Mill, 1975: 485)[4]

---

[4] 'Were it not for that, I think that almost every one, in the existing state of opinion in politics and political economy, would admit the injustice of excluding half the human race from the greater number of lucrative occupations, and from almost all high social functions; ordaining from their birth either that they are not, and cannot by any possibility become, fit for employments which are legally open to the stupidest and basest of the other sex, or else

É com base nestes pressupostos que Mill defende, com veemência, a capacidade natural das mulheres para fazer frente ao abuso tirânico masculino. A mulher é capaz, tem em si tudo o que é necessário. É apenas uma questão de se permitir que o provem a si mesmas e aos outros. Como declara Mill, 'uma mulher que abrace uma causa que o seu esposo desaprove, faz de si uma mártir, sem sequer poder ser uma apóstola, pois o marido pode legalmente pôr fim ao seu apostolado' (Mill, 1975: 520). E continua por afirmar: 'Não se pode esperar que as mulheres se dediquem à causa da emancipação da mulher, senão quando os homens, em número considerável, estiverem preparados para se lhes juntar nesse empreendimento' (Mill, 1975: 520)[5].

Em termos da própria natureza da mulher e de avaliar as suas diferenças intelectuais, Mill admite que não se poderá emitir juízos de valor olhando apenas para aquilo que as mulheres foram capazes de alcançar até ao momento presente. Elas encontram-se numa, e

---

that however fit they may be, those employments shall be interdicted to them, in order to be preserved for the exclusive benefit of males.' (tradução minha)

[5] 'A woman who joins in any movement which her husband disapproves, makes herself a martyr, without even being able to be an apostle, for the husband can legally put a stop to her apostleship.' (...) 'Women cannot be expected to devote themselves to the emancipation of women, until men in considerable number are prepared to join with them in the undertaking.' (tradução minha)

são o produto de uma, condição artificial. Assim, não podemos presumir, numa base sólida, aquilo que a mulher é por natureza mas, conhecendo-a como ela é e sabendo quais foram as suas circunstâncias, poderemos inferir que as últimas seriam capazes de produzir a primeira. Se as mulheres são, no presente, aquilo que são, isso deve-se apenas ao facto de cumprirem com imensa lealdade a única função para a qual são educadas e que lhes é permitido pôr em prática.

As mulheres, tem sido alegado, possuem um cérebro mais pequeno e isto deveria constituir razão suficiente para se duvidar das suas capacidades e confiná-las ao meio doméstico, fechando sobre elas todas e quaisquer saídas para o domínio público. Isto, afirma Mill, não é de todo razoável. O cérebro, tal como qualquer outro órgão, não depende do seu tamanho para ser eficiente mas sim, tão e somente, da sua actividade. As mulheres já tinham demonstrado, apesar de não terem tempo livre por estarem sempre ao dispor dos outros, que, quando confrontadas com um desafio mental, eram capazes de obter tão bons resultados quanto os homens. Isto devia-se ao facto das mulheres serem, regra geral, mais práticas do que os homens. Tinham uma inclinação natural para a percepção intuitiva. Esta sagacidade intuitiva, como Mill lhe chamava, capacitava-as para a recolha de tantas verdades gerais quanto o seu poder de observação individual lhes permitia. Aliada a uma educação adequada, as mulheres estariam melhor equipadas do que os homens naquilo que era essencial para uma prática hábil e bem sucedida:

> Com igualdade de experiência e faculdades gerais, uma mulher geralmente vê muito mais do que um homem daquilo que se lhe depara. [...] Eu admito que [...] o lugar cimeiro que a rapidez de observação ocupa entre as faculdades da mulher, faz com que ela seja particularmente propensa a formular generalizações demasiado apressadas da sua própria observação; [...] mas o correctivo para este defeito é o acesso à experiência da raça humana; conhecimento geral – exactamente aquilo que a educação melhor pode facultar. (Mill, 1975: 495)[6]

Relativamente à sua capacidade de reflexão, Mill reitera a importância das mulheres para os homens porque, ao contrário destes, uma mulher não solta as rédeas da sua imaginação após uma abstracção. Ela é capaz de ajuizar e avaliar se aquilo que está em causa é no interesse dos indivíduos a quem o assunto diz

---

[6] 'With equality of experience and of general faculties, a woman usually sees much more than a man of what is immediately before her. [...] I admit that [...] the predominant place which quickness of observation holds among a woman's faculties, makes her particularly apt to build over-hasty generalisations upon her own observation; [...] but the corrective to this defect, is access to the experience of the human race; general knowledge – exactly the thing which education can best supply.' (tradução minha)

respeito ou se é apenas em prol de um ideal imaginário. Em suma, aproximam as conjecturas e reflexões masculinas da realidade. As mulheres não se deixam cair nos mesmos erros que os homens; se as regras tiverem de ser mudadas para facilitar o que quer que seja que estejam a fazer, elas mudam-nas, ao contrário dos homens que se apegam às regras mesmo que estas os levem a nenhures. São, para seu próprio benefício, igualmente capazes de pôr de parte por algum tempo um problema de difícil resolução e voltar a ele mais tarde, tantas as vezes quantas isso se revelar necessário, em vez de insistirem, ininterruptamente, na sua resolução imediata.

Para além deste aspecto, as mulheres devem à sua rapidez de apreensão o papel importante que também desempenham quando lidam com situações que exigem que se tenham certas faculdades sob controlo imediato. Uma vez que têm de lidar com situações imprevistas e tomar decisões no seu dia a dia na gestão do lar, as mulheres estão muito mais capacitadas nesta área do que os homens. Mill discordava daqueles que asseveravam que as mulheres eram demasiado inconstantes e que esta susceptibilidade nervosa as tornava incapazes de realizarem tarefas práticas. Ele afirmava que este tipo de temperamento era resultado da energia desperdiçada das mulheres. Esta situação deixaria de existir se as mulheres tivessem um fim específico ao qual dirigir e aplicar a sua energia. Ainda assim, sustentava Mill, mesmo que volúveis e influenciadas no momento, poderiam ser consideradas capazes na exacta medida em que os homens com um temperamento nervoso o eram, pois estes nunca eram considerados incapazes para prosseguirem os seus objectivos com base em tais argumentos. Para Mill, mulheres com tais características estavam 'particularmente aptas para aquilo que se poderia chamar o departamento executivo da liderança da humanidade' (Mill, 1975: 500).[7] Isto devia-se ao facto deste temperamento nervoso não ter um carácter temporário. Era, ao invés, uma agitação sustentada que lhes dava o ânimo necessário para se excederem a si próprias, por assim dizer, permitindo-lhes, deste modo, realizar tarefas que, de outra forma, seriam totalmente incapazes de levar a cabo. Tal temperamento era, segundo Mill, 'o material de grandes oradores, grandes pregadores, difusores impressionantes de influências morais' (Mill, 1975: 500).[8]

Se as mulheres possuíam, de facto, estas capacidades, questionava Mill de forma retórica, porque não tinham ainda nenhuma produção de relevo em filosofia, nas ciências ou nas artes? Existiria forma de se saber das razões para esta constatação? Não seria, pura e sim-

---

[7] '... particularly apt for what may be called the executive department of the leadership of mankind.' (tradução minha)

[8] '... the material of great orators, great preachers, impressive diffusers of moral influences.' (tradução minha)

plesmente, porque as mulheres eram incapazes de as produzir?

Mill rebate este argumento, afirmando que não se pode inferir que uma mulher não possa ser um Homero, um Aristóteles, um Miguel Ângelo ou até um Beethoven apenas pelo facto de ainda não ter produzido obras comparáveis àquelas dos homens referidos. Ao contrário dos homens, Mill recorda-nos, havia escassas três gerações desde que as mulheres tinham iniciado qualquer tentativa na área da Filosofia, das Ciências ou das Artes.

Em qualquer dos casos, também se poderia argumentar que às mulheres faltava originalidade, que seguiam apenas os padrões masculinos estabelecidos. Mas como poderia ser de outra forma? Após séculos de influência patriarcal era mais do que razoável que as mulheres necessitassem de mais tempo para se libertar de influência tão sufocante. Pensadores originais apenas poderiam ser aqueles que tinham conhecimento aprofundado daqueles que tinham sido os pensamentos dos seus antecessores. Era um processo gradual, por etapas, e de aprendizagem cumulativa. Existiriam muitas mulheres que tivessem tido esta oportunidade? É evidente que não. Nesse caso, Mill contrapunha, 'quando as mulheres tiverem tido a preparação que é agora exigida aos homens para serem eminentemente originais, haverá tempo suficiente para começar a julgar, pela experiência, da sua capacidade para a originalidade' (Mill, 1975: 511).[9]

Não obstante, aquelas que haviam aceite tal desafio tinham conseguido tanto quanto delas se poderia esperar, se considerarmos o espaço de tempo decorrido e o número de competidores. Se 'aquilo que são anos para um indivíduo dotado, são gerações para uma multidão' (Mill, 1975: 512)[10], e se originalidade significava colocar novas pedras num edifício que já disponha de muitas, num longo caminhar em direcção ao topo, podemos facilmente concluir que, apesar dos já grandes feitos das mulheres nas áreas em que tinham conseguido entrar, tinham ainda muitos séculos de conhecimentos a apreender e estavam ainda numa espécie de estágio académico, situação que ainda se manteria por muitas gerações vindouras.

Mill propunha uma sociedade liberal, na qual as mulheres pudessem livremente participar e ter acesso a todas as ocupações. Quer na iniciativa privada, quer no exercício de cargos públicos, o seu acesso nunca deveria estar vedado. Se o sistema político do país

---

[9] 'When women have had the preparation which all men now require to be eminently original, it will be time enough to begin judging by experience of their capacity for originality.' (tradução minha)

[10] '... what years are to a gifted individual, generations are to a mass.' (tradução minha)

excluía homens incapazes, também o acabaria por fazer a mulheres nas mesmas condições. Do mesmo modo, se admitia homens capazes, não deveria deixar de fora as mulheres que o fossem também. O país apenas teria a ganhar com este modelo social. A competição saudável estimula a economia. 'Duplicar a massa de faculdades mentais disponíveis ao serviço mais nobre da humanidade' (Mill, 1975: 525)[11] implicaria que os homens, eles próprios, teriam de se consciencializar da competição se não quisessem ser ultrapassados.

O apoio que Mill deu à *Woman Question* em Inglaterra foi, sem dúvida, importante. As suas petições no Parlamento em favor das mulheres foram determinantes para fazer direccionar e soprar os ventos da mudança em seu favor. A veemência e urgência que colocou na exigência de que as mulheres deveriam ter o direito de participar em actos eleitorais, desempenhar cargos que envolvessem importantes responsabilidades públicas, foi determinante para que se conseguissem tais direitos. Como afirmou Gail Tulloch na sua obra *Mill and Sexual Equality*,

> O seu objectivo não era a igualdade dos sexos *per se*, na mesma medida em que a igualdade dos sexos não seria apenas para benefício das mulheres. Era sua con-

---

[11] '... doubling the mass of mental faculties available for the higher service of humanity.' (tradução minha)

vicção que a emancipação da mulher era um pré-requisito indispensável para o progresso da humanidade, e que tal progresso conduziria à maior felicidade para todos. (Tulloch, 1989: 63)[12]

O conceito de maior felicidade para todos prendeu a atenção das pessoas, não só pelos princípios de Mill em relação à *Woman Question*, com o efeito cumulativo do facto de ele ser um homem a falar em prol das mulheres, mas também devido a outros factores económicos e sociais. Mudanças começaram a verificar-se a um ritmo mais rápido e seguro. Até finais do século XIX, a expansão da empregabilidade da mulher em todas as áreas foi assinalável. Em média, o número de mulheres trabalhadoras mais que duplicou. Contudo, tinham ainda de aceitar e consentir salários inferiores aos homens pelo desempenho do mesmo tipo de trabalho e um equilíbrio justo estava longe de ser alcançado. Os homens não cediam com facilidade e a sua resistência à 'usurpação' e 'intromissão' das mulheres estava clara de se ver.

---

[12] 'His goal was not sexual equality *per se*, any more than sexual equality was for the benefit of women only. His belief was that emancipation of women was an indispensable prerequisite for the improvement of mankind, and that such improvement would lead to the greatest happiness for everybody.' (tradução minha)

A partir da década de setenta do século XIX, registou-se um progresso bastante rápido na educação. O princípio da educação superior para as mulheres foi consignado e foi permitida a entrada de mulheres em Oxford e Cambridge em regime interno. Não obstante, muito havia ainda por fazer e a morte de Mill em 1873 foi um rude golpe para o Movimento pela Emancipação das Mulheres (*Women's Movement*). Mas a luta continuou e, muito embora Mill não tenha vivido o suficiente para testemunhá-lo, a vitória, no que respeita às exigências básicas das mulheres, foi alcançada.

Em 1897, Walter Besant já descrevia o progresso do estatuto da mulher quando comparava uma jovem de 1837 com uma de 1897. Em *The Queen's Reign*, afirma:

> A jovem de 1837 não consegue raciocinar acerca de nenhum assunto, qualquer que ele seja, devido à sua ignorância – como ela própria diria, por ser uma mulher. [...] Ser infantilmente ignorante; [...] não saber nada acerca da Arte, da História, da Ciência, da Literatura, da Política, da Sociologia, das Boas Maneiras – aos homens aprazia-lhes este estado de coisas, as mulheres tornavam--se submissas para agradar aos homens; a sua própria ignorância constituía um assunto de louvável orgulho para a mulher inglesa dos anos quarenta.

[...] Voltemo-nos para a mulher inglesa – a jovem inglesa – de 1897. Ela é educada. O que quer que seja que se ensine ao jovem ensina-se à jovem. [...] Na escola, na faculdade, ela estuda da mesma forma que estuda o jovem, mas mais e com maior concentração. Ela invadiu as profissões. Ela não pode tornar-se sacerdote porque o preconceito Oriental contra as mulheres ainda prevalece. [...] Do mesmo modo, não pode entrar para Direito. [...] Ela pode, e fá-lo, exercer como médica ou cirurgiã, geralmente a primeira. [...] Não há nenhum ramo da literatura em que as mulheres não tenham obtido distinção. [...] Quanto às profissões menos comuns – os contabilistas, arquitectos, actuários, agentes – estão a ser rapidamente tomadas pelas mulheres. (Besant, 1993: 1609-10)[13]

---

[13] 'The young lady of 1837 cannot reason on any subject whatever because of her ignorance – as she herself would say, because she is a woman. [...] To be childishly ignorant; [...] to know nothing of Art, History, Science, Literature, Politics, Sociology, Manners – men liked these things; women yielded to please the men; her very ignorance formed a subject of laudable pride with the Englishwoman of the Forties.

'[...] Let us turn to the Englishwoman – the young Englishwoman – of 1897. She is educated. Whatever things are taught to the young man are taught to the young woman. [...] At school, at college, she studies just as the young man studies, but harder and with greater concentration. She has invaded the professions. She cannot become a priest, because the Oriental prejudice against women still prevails. [...] In the same way she cannot enter Law. [...] She can, and she does, practice as a physician or a surgeon, generally the former. [...] There is no branch of literature in which

O início do século XX registou a continuidade, não só da evolução da conquista de direitos pelas mulheres, mas também da sua luta. A calamidade que foi a Primeira Grande Guerra deu às mulheres a possibilidade de fazerem prova das suas capacidades. Tomaram conta dos trabalhos dos homens que estavam nas frentes de batalha e tiveram um desempenho tão bom quanto o deles. Foram louvadas pela opinião pública e, mais importante do que isso, tinham tido a oportunidade de viver o significado de maiores responsabilidades e a possibilidade de se tornarem economicamente independentes. Com o fim da guerra, os homens retomaram os seus empregos e as mulheres viram-se forçadas a voltar ao seu antigo papel. Mas as coisas jamais seriam iguais. Um passo importante havia sido dado e as mulheres não se podiam dar ao luxo de esmorecer, não nesta fase. Voltaram à carga com energias redobradas e, a 6 de Fevereiro de 1918, ganharam o direito ao voto, após uma luta que se havia arrastado por mais de cinquenta anos. Nesse mesmo ano, foi promulgada uma lei que permitia que fossem nomeadas e eleitas para a Casa dos Comuns. Em Abril de 1919, o decreto, que ficou conhecido por *Sex Disqualification*

---

women have not distinguished themselves. [...] As for the less common professions – the accountants, architects, actuaries, agents – they are rapidly being taken over by women.' (tradução minha)

Removal Act, abriu as portas ao exercício da advocacia, da magistratura, e do serviço de jurados por parte das mulheres. Obtiveram a totalidade dos direitos de propriedade em 1922 com o *Law of Property Act*. Outras leis se lhes seguiram durante os anos vinte concedendo às mulheres novos direitos no tocante a assuntos matrimoniais.

Com educação, emancipação, e igualdade jurídica concedidas, as mulheres tinham ganho a maior das batalhas e tinham o futuro nas suas mãos. Mas será que aproveitaram ao máximo as suas conquistas?

Cedo se aperceberam as mulheres da dificuldade em conciliar a sua vida pública e a privada. Depararam-se com algo que Mill não tinha avaliado em toda a sua extensão. A admissão das mulheres a todas as funções e ocupações implicava um reajustamento radical da sociedade. Besant descartava a questão de ânimo algo leve afirmando, sem entrar na questão do reajustamento social que:

> Já não é uma questão de necessidade; as mulheres não se questionam se têm de ganhar o seu próprio pão, ou viver uma vida de dependência. Com necessidade ou sem ela, elas exigem trabalho, com independência e liberdade pessoal. Se decidem chamar a si os deveres e responsabilidades do casamento, isso é deixado para consideração futura. Acredito que, apesar de num primeiro impulso existirem muitas que declaram o seu desprezo pelo

casamento, a voz da natureza e a ânsia instintiva por amor prevalecerão. (Besant, 1993: 1610)[14]

Mas o que estava em questão era bem mais complicado. Havia dificuldades acrescidas que a mulher trabalhadora tinha de enfrentar ao lidar com novos e inesperados problemas, problemas domésticos e a constante competição no local de trabalho. Como observa Tulloch,

> Mill pensava que igualizar o acesso ao sufrágio, à propriedade, à educação, e a cargos públicos era suficiente, mas subestimou a necessidade também de poder económico, bem como de uma revisão de papéis na família. Assim, facultar mais igualdade às mulheres fora da família não seria por si só suficiente, sem uma revisão das estruturas subjacentes – quer públicas, quer privadas – que reforçavam e perpetuavam essa mesma subjugação

---

[14] 'It is no longer a question of necessity; women do not ask themselves whether they must earn their own bread, or live a life of dependence. Necessity or no necessity they demand work, with independence and personal liberty. Whether they take upon them the duties and responsibilities of marriage, they postpone for further consideration. I believe that, although in the first eager running there are many who profess to despise marriage, the voice of nature and the instinctive yearning for love will prevail.' (tradução minha)

das mulheres que o seu ensaio denunciava. (Tulloch, 1989: 65)[15]

Muito embora Mill possa não ter aprofundado o problema tanto quanto seria desejável, exaustivamente analisando os prós e contras da questão, explicitando exactamente o que teria de mudar e que tipo de ajustamentos seriam necessários fazer, uma coisa, contudo, ele fez. E isso consistiu no afirmar que o casamento deveria ser o equivalente a uma parceria de confiança na qual 'a divisão de direitos decorreriam com naturalidade da divisão de deveres e funções; e isso já se faz por consentimento, ou em todo o caso sem ser por lei, mas por costume geral, modificado e modificável a bel-prazer das pessoas envolvidas' (Mill, 1975: 473-4)[16].

---

[15] 'Mill thought that equalising access to the suffrage, to property, to education, and to public occupations was enough, but underestimated the necessity of economic power too, as well as revision of the roles in the family. Thus, merely providing more equal opportunity for women outside the family would not suffice, without the revision of the underlying structures – both public and private – that reinforced and perpetuated the very subjection of women that the essay was denouncing.' (tradução minha)

[16] 'The division of rights would naturally follow the division of duties and functions; and that is already made by consent, or at all events not by law, but by general custom, modified and modifiable at the pleasure of the persons concerned'. (tradução minha)

Mas o tempo acabou por provar que o dito consentimento tinha de ser regulado por lei e é apenas graças a legislação anti-discriminatória e que promove a igualdade de oportunidades que as mulheres podem actualmente operar tanto na esfera pública como na privada, se assim o desejarem.

Todavia, a remoção de todas as barreiras não coincide necessariamente com uma total realização pessoal e profissional. Toda e qualquer situação nova pode traduzir-se em potenciais problemas, problemas desconhecidos até esse momento. Pode, inclusive, chegar-se ao ponto de ter de se levantar a questão de quais eram os reais objectivos e se estes seriam alcançáveis ou não. O caso das mulheres não foi excepção à regra pois, em finais da década de trinta do século XX, em *Three Guineas* de Virginia Woolf, deparamo-nos com uma passagem como esta:

> Nós, filhas de homens instruídos, encontramo-nos entre o diabo e as profundezas do mar. Atrás de nós, estende-se o sistema patriarcal; a casa privada, com a sua nulidade, a sua imoralidade, a sua hipocrisia, a sua subserviência. Diante de nós estende-se o mundo público, o sistema profissional, com a sua possessividade, a sua inveja, a sua pugnacidade, a sua ganância. Um enclausura-nos como escravas num harém; o outro obriga-nos a andar às voltas, como uma lagarta da cabeça para a cauda, às voltas e voltas da amoreira, a árvore sagrada, da propriedade. É

uma escolha perversa. Ambos são maus. (Woolf, 1992: 261)[17]

Em última análise, o que está em questão, e se reveste da maior importância, é dar liberdade às mulheres em cada um dos extremos, quer na vida privada, quer na vida pública. Se procuram alcançar um equilíbrio entre as duas esferas, isso apenas a elas diz respeito, desde que o possam fazer livremente. No caso das mulheres, aquilo que realmente importa é que já não estão impedidas, por nenhum constrangimento legal, de se afirmarem na vida pública, em todas as suas áreas. Se tiram o maior proveito desta situação, isso também só a elas diz respeito. Não se deverá esperar que justifiquem as suas conquistas, em termos de igualdade dos sexos, com obras extraordinárias para além daquilo que se espera que os homens façam. Cada um de nós conhece os seus limites e saberá, com certeza, estabelecê-los conforme melhor lhe aprouver. O certo é que as mulheres têm provas dadas, nas mais diversas áreas, da sua

---

[17] 'We, daughters of educated men, are between the devil and the deep sea. Behind us lies the patriarchal system; the private house, with its nullity, its immorality, its hypocrisy, its servility. Before us lies the public world, the professional system, with its possessiveness, its jealousy, its pugnacity, its greed. The one shuts us up like slaves in a harem; the other forces us to circle, like caterpillars head to tail, round and round the mulberry tree, the sacred tree, of property. It is a choice of evils. Each is bad'. (tradução minha)

capacidade. Aquilo que afirmou Besant, há pouco mais de um século, continua actual. As mulheres ocidentais põem, hoje, na sua educação mais afinco e persistência do que os homens. Muitas já os ultrapassaram, independentemente de todas as quotas efectivas ou imaginadas que o sexo masculino, apesar de tudo, ainda lhes impõe. Já não se trata, pois, de questionar se a igualdade da mulher na vida pública a levou até onde deveria. Trata-se, sim, de reiterar que a sua igualdade a levará tão longe quanto ela quiser ir.

Bibliografia

BESANT, Walter (1993) *The Queen's Reign* (1897) in *The Norton Anthology of English Literature*, vol. 2, New York-London: W. W. Norton & Company.

NIGHTINGALE, Florence (1979) *Cassandra* in Ray Strachey, *The Cause: A Short History of the Women's Movement in Great Britain*, London: Virago.

MILL, John Stuart (1975) *Three Essays. On Liberty; Representative Government; The Subjection of Women*, Oxford: Oxford University Press.

———— (1984) *Essays on Equality, Law and Education*, London: Routledge & Kegan Paul.

TULLOCH, Gail (1989) *Mill and Sexual Equality*, Brighton: Harvester.

WOOLF, Virginia (1992) *A Room of One's Own / Three Guineas*, Oxford: Oxford University Press.

CAPÍTULO I

O objectivo deste ensaio é explicar, tão claramente quanto me for possível, as razões de uma opinião que comecei a defender logo na altura em que formei as minhas primeiras opiniões em assuntos de natureza social e política e que, longe de enfraquecida ou modificada, se tem visto continuamente reforçada pelo progresso da minha reflexão e experiência de vida: que o princípio que regula as relações sociais entre os dois sexos – a subordinação legal de um sexo ao outro – está em si mesmo errado, constituindo hoje um dos principais obstáculos ao desenvolvimento humano; e que, justamente por isso, deveria ser substituído por um princípio de perfeita igualdade, que não admitisse qualquer poder ou privilégio de um dos lados, nem discriminação do outro.

As próprias palavras necessárias para explicar a tarefa que empreendi demonstram quão espinhosa ela é. Mas seria um erro supor que essa dificuldade deve residir na insuficiência ou obscuridade das razões em que a minha convicção se baseia. A dificuldade é a que ocorre em qualquer caso que envolva uma muralha de sentimentos contra a qual seja necessário lutar. O facto é que, quando uma opinião está fortemente enraizada nos sentimentos, não só não se deixa abalar, como se torna ainda mais firme por haver argumentos de maior peso contra ela. Se tivesse sido aceite como corolário de um raciocínio, a refutação do raciocínio poderia abalar a solidez da convicção; mas, se se baseia unicamente em sentimentos, quanto pior se sai do debate mais convencidos ficam os seus defensores de que o que sentem tem de ter uma razão mais funda que a argumentação não alcança. E, enquanto esse sentimento se mantiver, continuarão sempre a reforçar os argumentos em que se entrincheiram para colmatar qualquer brecha entretanto aberta. E são tantos os motivos que tendem a fazer dos sentimentos associados a esta questão os mais intensos e arreigados de quantos envolvem e protegem velhas instituições e costumes, que não temos de nos admirar por os vermos, até aqui, menos debilitados e esmorecidos do que quaisquer outros pelo progresso da grande transição social e espiritual dos tempos modernos. Nem tão-pouco devemos supor que os barbarismos a que os homens durante mais tempo se agarram são necessariamente menos bárbaros do que aqueles de que mais cedo se libertam.

Sob qualquer ponto de vista, o fardo apresenta-se pesado para os que ousem atacar uma opinião quase universal. Terão seguramente muita sorte, assim como uma invulgar capacidade, se conseguirem sequer que alguém os ouça. É-lhes mais difícil chegar a julgamento do que para quaisquer outros litigantes receber um veredicto. E, caso logrem obter audiência, ver-se-ão sujeitos a um conjunto de quesitos lógicos totalmente diversos dos que são exigidos às outras pessoas. Em todos os outros casos, o ónus da prova recai, em princípio, sobre o responsável pela afirmação. Se uma pessoa for acusada de assassínio, caberá àqueles que a acusam apresentar provas da sua culpa – não é ela que tem de provar a sua inocência. Se se verificar uma diferença de opinião acerca da realidade de um alegado facto histórico por que as pessoas não sintam, de um modo geral, um interesse particularmente vivo – como o cerco de Tróia, por exemplo – espera-se que os que mantêm que esse acontecimento teve lugar apresentem as suas provas, antes que os que defendem uma posição contrária tenham de se pronunciar sobre o assunto. E em momento algum se exige a estes últimos que façam mais do que demonstrar que os dados apresentados pelos outros não são válidos.

Prosseguindo em questões de ordem prática, também se considera que o ónus da prova recai sobre aqueles que são contra a liberdade, os que advogam uma qualquer restrição ou proibição, seja ela uma limitação da liberdade de acção humana em geral, ou uma qualquer desqualificação ou disparidade de privilégios que afecte uma pessoa, ou categoria de pessoas, em relação a outras. A presunção *a priori* é a favor da liberdade e da imparcialidade. Considera-se que não se deve impor nenhuma restrição que não seja exigida pelo bem comum, e que a lei não deve discriminar as pessoas, mas sim tratá-las todas de igual forma, salvo quando a diferença de tratamento se impuser por razões positivas, quer de justiça, quer de política.

Mas de nenhuma destas regras processuais beneficiarão aqueles que professam a opinião que eu defendo. De nada me serve dizer que os que mantêm a doutrina de que os homens têm o direito de mandar e as mulheres o dever de obedecer, ou que os homens têm capacidade para governar e as mulheres não, assumem o lado afirmativo do caso, devendo por isso apresentar provas concretas dos seus argumentos, ou então submeter-se à sua rejeição. É-me igualmente inútil dizer que aqueles que recusam às mulheres qualquer liberdade ou privilégio legitimamente concedido aos homens, tendo contra si a dupla presunção de que se estão a opor à liberdade e a defender a parcialidade, deveriam ser obrigados a provar irrefutavelmente o que alegam e, a menos que o seu êxito fosse ao ponto de excluir qualquer dúvida, o veredicto deveria ser-lhes desfavorável. Esta argumentação seria considerada boa em qualquer processo comum. Mas não o será nesta situação. Antes que possa sequer aspirar a produzir algum efeito, esperar-se-á de mim que não somente responda a tudo o que até aqui foi dito por aqueles que defendem o outro ponto de vista, mas que imagine ainda tudo quanto poderiam dizer – ou seja, que lhes forneça mais razões e as rebata, uma por uma. E, para além de refutar todos os argumentos da afirmação, serei chamado a apresentar argumentos absolutamente incontestáveis para provar a negação. Mas, mesmo que conseguisse fazer tudo isto e deixar a parte adversária com uma série de argumentos incontestados contra ela, e nem um único irrefutado em seu abono, pensar-se-ia ainda que tinha feito pouco – porquanto uma causa que se apoia, por um lado, num costume generalizado e, por outro, num sentimento popular tão prevalecente, parece gozar de uma presunção a seu favor mais poderosa do que qualquer convicção que um apelo à razão possa produzir em intelectos que não sejam os de uma categoria elevada.

Não menciono estas dificuldades para me queixar delas. Primeiro, porque seria inútil: são dificuldades inerentes à necessidade de lutar, através do entendimento das pessoas, contra a hostilidade dos seus sentimentos e das tendências da vida. E, verdade seja dita, o entendimento da maioria dos seres humanos teria de ser muito mais bem cultivado do que até aqui aconteceu, antes que lhes pudéssemos pedir para levarem a confiança na sua própria capacidade de julgar ao ponto de renunciarem aos princípios em que foram nados e criados, e nos quais se baseia uma boa parte da ordem existente no mundo, logo ao primeiro ataque argumentativo a que não fossem capazes de resistir através da lógica. Não me insurjo, pois, contra eles pela sua falta de fé no raciocínio, mas antes pela demasiada fé que depositam nos costumes e no sentimento colectivo. É um dos preconceitos característicos da reacção do século XIX contra o século XVIII outorgar aos elementos irracionais da natureza humana a infalibilidade que este último terá atribuído aos elementos racionais. A apoteose da Razão deu lugar à do Instinto – e chamamos instinto a tudo o que encontramos em nós para o qual não conseguimos descobrir qualquer fundamento racional. Esta idolatria, infinitamente mais degradante do que a anterior, e que é o mais pernicioso de todos os cultos falaciosos do nosso tempo, dos quais constitui, aliás, a principal base, irá provavelmente manter-se firme até ser derrubada por uma Psicologia consistente, que revele a verdadeira raiz de muito do que hoje é venerado como intenção da Natureza e ditame de Deus. No que respeita à presente questão, estou disposto a aceitar as condições desfavoráveis que o preconceito me coloca. Aceito que o costume estabelecido e o sentimento colectivo sejam considerados concludentes contra mim, a menos que consiga demonstrar que a sua existência, ao longo dos séculos, se tem devido a outras causas que não a sua justeza, e que o seu poder deriva do que de pior e não do que de melhor existe na natureza humana. Admito que o julgamento me seja desfavorável, a menos que consiga provar que o meu juiz foi corrompido. Esta concessão não é tão grande quanto poderia parecer, pois provar isto constitui, de longe, a parte mais fácil da minha tarefa. A generalidade de uma prática constitui, em alguns casos, uma boa razão para se supor que é – ou, quanto mais não seja, terá anteriormente sido – conducente a fins louváveis. Seria esse o caso quando a prática foi inicialmente adoptada, ou posteriormente mantida, como meio para esses fins, tendo por base a experiência do modo mais eficaz de os atingir. Ora se, quando foi inicialmente instituída, a autoridade dos homens sobre as mulheres tivesse resultado de uma comparação consciencisosa entre diferentes modos de constituir o governo da sociedade; se, após haverem sido ensaiadas diversas formas alternativas de organização social – governo das mulheres sobre os homens, igualdade entre ambos, e todos os sistemas de governo misto ou partilhado que fosse possível imaginar –, se tivesse decidido, face ao testemunho da experiência, que o modo segundo o qual as mulheres se encontram totalmente submetidas aos homens, sem qualquer participação nos assuntos públicos e, a nível particular, individualmente obrigadas por lei a obedecer ao homem a quem associaram o seu destino, era o sistema mais favorável à felicidade e ao bem-estar de ambos: se assim tivesse sido, a sua adopção geral poderia então ser justamente considerada uma prova de que, na altura em que foi instituída, essa prática era a melhor – ainda que, mesmo nesse caso, as considerações que a aconselhavam pudessem, à semelhança de tantos outros factos sociais primitivos da maior relevância, ter subsequentemente, no decorrer dos séculos, deixado de existir. Mas as circunstâncias deste caso são, sob todos os aspectos, o inverso das que se acabaram de expor. Em primeiro lugar, a opinião a favor do presente sistema, que subordina por completo o sexo mais fraco ao mais forte, assenta unicamente na teoria. Nunca se experimentou nenhum outro, e daí que não seja possível alegar que a experiência, no sentido em que é vulgarmente contraposta à teoria, pronunciou algum veredicto. E, em segundo lugar, a adopção deste sistema desigualitário jamais resultou de uma deliberação ou reflexão prévia, nem de ideias sociais, ou de qualquer espécie de noção do que pudesse conduzir ao benefício dos seres humanos ou à boa ordem da sociedade. Nasceu simplesmente do facto de que, logo desde os primórdios da sociedade humana, todas as mulheres (em virtude do valor que representavam para os homens, associado à sua inferioridade em força muscular) se encontravam num estado de servidão em relação a algum homem. E as leis e os sistemas políticos começam sempre por consagrar as relações já existentes entre os indivíduos. Convertem o que era um mero facto físico num direito legal sancionado pela sociedade, visando, por princípio, substituir o conflito sem regra nem lei da mera força física por meios públicos e organizados de afirmação e protecção desses direitos. Aqueles que já se encontravam compelidos a obedecer ficam, dessa forma, legalmente obrigados a fazê-lo. A escravatura, que começou por ser uma questão de força entre o senhor e o escravo, tornou-se objecto de regulação e acordo entre os senhores que, associando-se entre si para sua protecção comum, garantiram, pelo seu poder colectivo, a propriedade privada de cada um, incluindo os seus escravos. Nos primeiros tempos, a maior parte do sexo masculino estava reduzida à escravatura, assim como todo o sexo feminino. E muitos séculos iriam decorrer ainda, alguns mesmo de grande civilização, até algum pensador ser suficientemente ousado para questionar a legitimidade e a absoluta necessidade social de uma ou de outra dessas escravaturas. Pouco a pouco, esses pensadores foram surgindo. E (graças também ao progresso geral da sociedade) a escravatura do sexo masculino foi finalmente abolida, pelo menos em todos os países da Europa cristã – embora, num deles, apenas há muito poucos anos – ao passo que a do sexo feminino se foi gradualmente transformando numa forma mais branda de dependência. Só que essa dependência, tal como presentemente existe, não é uma instituição originária que se tenha renovado com base em considerações de justiça e conveniência social – é antes o primitivo estado de escravatura que subsiste ainda, através de sucessivas mitigações e modificações, ocasionadas pelas mesmas causas que suavizaram os comportamentos em geral e colocaram todas as relações humanas sob um maior controlo da justiça e uma maior influência dos sentimentos humanitários. Não perdeu a marca da sua origem brutal. E daí que nenhuma presunção a seu favor possa ser extraída do mero facto da sua existência. A única presunção de que se poderia reclamar teria de se firmar no facto de ter durado até agora, quando tantas outras coisas com a mesma origem odiosa foram já erradicadas. E é por isso, na verdade, que soa estranho aos ouvidos das pessoas ouvir dizer que a desigualdade de direitos entre homens e mulheres não tem outra fonte que não seja a lei do mais forte.

O facto de esta afirmação ter o efeito de um paradoxo deve-se, em certa medida, ao progresso da civilização e à evolução da sensibilidade moral da humanidade. Vivemos hoje – ou melhor, uma ou duas das nações mais avançadas do mundo vivem hoje – num estádio em que a lei do mais forte parece ter sido inteiramente abandonada enquanto princípio regulador das questões universais: ninguém a preconiza e, no que respeita à maior parte das relações entre seres humanos, ninguém está autorizado a aplicá-la. Quando alguém consegue fazê-lo, é a coberto de algum pretexto que lhe confere a aparência de estar a agir em nome de um qualquer interesse geral da sociedade. Sendo este o pretenso estado das coisas, as pessoas comprazem-se na ilusão de que a regra da mera força já caducou, e que a lei do mais forte não pode ser a razão da existência de nada que se tenha mantido em pleno vigor até aos nossos dias. Independentemente da forma como tenha surgido qualquer uma das nossas instituições actuais, pensam elas, só se pode ter conservado até esta época de civilização avançada graças a um sentimento bem fundamentado da sua adaptação à natureza humana e da sua contribuição para o bem comum. Ora esta gente não entende a grande vitalidade e durabilidade das instituições que colocam o direito do lado do poder, nem a força com que as pessoas se agarram a elas; não entende até que ponto tanto as boas como as más inclinações e sentimentos daqueles que têm o poder nas mãos se assimilam à vontade de o manter, nem o tempo que estas instituições perniciosas levam a ceder – uma de cada vez, e as mais fracas primeiro, começando por aquelas que estão menos entretecidas nos hábitos quotidianos da vida; do mesmo modo que não entende quão raramente aconteceu que aqueles que obtiveram um poder legal porque, antes de mais, tinham o poder físico, viessem a abrir mão dele antes de esse poder físico ter passado para o outro lado. O facto de essa inversão de forças não ter tido lugar no caso das mulheres, conjugado com todas as peculiaridades e especificidades da sua situação, tornou seguro, desde o início, que este ramo do sistema do direito fundado na força, apesar de suavizado nos seus aspectos mais atrozes antes de alguns outros, haveria de ser o último de todos a desaparecer. Era, de facto, inevitável que este caso singular de uma relação social fundada na força sobrevivesse ao longo de gerações de instituições alicerçadas na justiça igualitária, como excepção quase isolada ao carácter geral das suas leis e costumes; e que, enquanto não proclamasse a sua própria origem e a discussão não evidenciasse a sua verdadeira natureza, não fosse sentido como incompatível com a civilização moderna, do mesmo modo que a escravatura doméstica entre os gregos não colidia com a ideia que de si mesmos tinham como povo livre.

A verdade é que as pessoas da geração actual e das duas ou três últimas que a precederam já perderam por completo a noção prática da condição primitiva da humanidade; e só aqueles poucos que fizeram um estudo rigoroso da História, ou tiveram um grande contacto com regiões do mundo habitadas por descendentes directos de épocas muito remotas, são capazes de formar uma imagem mental da sociedade de outrora. As pessoas não têm consciência de como a vida nos tempos antigos estava inteiramente subordinada à lei do mais forte, nem de como esse facto era pública e abertamente admitido – não direi cínica ou despudoradamente, uma vez que essas palavras pressupõem o sentimento de que nisso existia algo de que se deveriam envergonhar, e nenhuma noção desse género teria cabimento no intelecto de alguma pessoa desse tempo, a menos que se tratasse de um filósofo ou de um santo. A História dá-nos uma cruel lição sobre a natureza humana, ao demonstrar até que ponto o respeito pela vida, pelos bens e por toda a felicidade terrena de uma qualquer categoria de pessoas era directamente proporcional ao poder que elas tinham; e como todos os que opunham qualquer resistência às autoridades armadas tinham, por muito terrível que fosse o motivo que a desencadeara, não só a lei da força como todas as outras leis e noções de obrigação social contra eles – e, aos olhos daqueles a quem resistiam, eram não apenas culpados de crime, mas do pior de todos os crimes, merecendo por isso o mais cruel dos castigos que seres humanos pudessem infligir. O primeiro ténue vestígio de um sentimento de obrigação de um superior reconhecer qualquer direito aos seus subordinados terá surgido quando aquele se viu levado, por uma questão de conveniência, a fazer-lhes qualquer promessa. Embora essas promessas, mesmo quando seladas pelos juramentos mais solenes, fossem durante longos séculos anuladas ou quebradas à mais pequena provocação ou tentação, é provável que esse acto, excepto quando cometido por pessoas de moralidade ainda mais baixa do que a média, fosse na maioria das vezes acompanhado por alguma intranquilidade de consciência. As repúblicas antigas, que foram, desde o início, maioritariamente fundadas sobre um qualquer tipo de acordo mútuo ou, em todo o caso, constituídas por uma união de pessoas de força mais ou menos equiparável, oferecem-nos, por conseguinte, o primeiro exemplo de um conjunto de relações humanas protegidas e colocadas sob a égide de uma outra lei que não a da força. E, ainda que a primitiva lei da força permanecesse em pleno vigor entre os senhores e os seus escravos, e também (excepto quando limitada por um acordo expresso) entre uma comunidade* e os seus súbditos, ou outras comunidades independentes, a abolição dessa lei primitiva, mesmo que num âmbito tão circunscrito, assinala o início da regeneração da natureza humana, dando origem a sentimentos que a experiência rapidamente demonstrou o imenso valor, inclusive para os interesses materiais, e que a partir daí não precisavam já de ser criados, mas apenas difundidos.

Apesar de os escravos não fazerem parte da comunidade, foi nos estados livres que primeiro se teve a noção dos seus direitos enquanto seres humanos. Os estóicos foram, segundo creio, os primeiros (afora a excepção da lei judaica) a ensinar, como parte da moralidade, que os homens tinham obrigações morais para com os seus escravos. Depois de o Cristianismo se ter tornado dominante, ninguém podia já, no plano teórico, manter-se alheio a esse princípio; e, após a ascensão da Igreja Católica, não faltaram nunca pessoas para o defender. Aplicá-lo na prática terá sido,

---

* NT: *Commonwealth*, no original.

porém, a tarefa mais árdua com que o Cristianismo alguma vez se defrontou: durante mais de um milénio, a Igreja manteve uma luta praticamente inglória. Não que lhe faltasse poder sobre o espírito dos homens – pelo contrário, o seu poder era prodigioso. Podia levar reis e fidalgos a renunciar aos seus bens mais valiosos para enriquecer o património eclesiástico. Podia levar milhares de pessoas na força da vida e no auge dos seus dotes terrenos a encerrar-se em conventos, procurando a salvação pela pobreza, jejum e oração. Podia enviar centenas de milhares, por terras e mares, através da Europa e da Ásia, para sacrificarem as suas vidas pela libertação do Santo Sepulcro. Podia levar reis a repudiar esposas que eram objecto da sua afeição apaixonada, só porque a Igreja declarava que eram suas parentes em sétimo (pelos nossos cálculos, décimo quarto) grau. Tudo isto conseguia o poder da Igreja. Mas não conseguia que os homens lutassem menos uns com os outros, nem que abrandassem a tirania que exerciam sobre os seus servos e, sempre que podiam, sobre os habitantes dos burgos. Não conseguia levá-los a renunciar a nenhuma das aplicações da força, força militante ou força triunfante. Disso não se deixaram eles nunca convencer, até se verem, por seu turno, dominados por uma força superior. Só o crescente poder monárquico iria pôr termo às lutas, excepto entre reis ou candidatos ao trono. E só com o desenvolvimento de uma burguesia abastada e guerreira nas cidades fortificadas, bem como de uma infantaria plebeia que se revelou mais poderosa no campo de batalha do que a cavalaria indisciplinada, é que a insolente tirania da nobreza sobre a burguesia e o campesinato conheceu alguns limites. Iria, porém, persistir ainda, não apenas até, mas já muito depois de os oprimidos terem obtido um poder que lhes permitia muitas vezes uma vingança ostensiva. No Continente, a situação manteve-se, em grande parte, até à época da Revolução Francesa, embora, em Inglaterra, uma mais precoce e melhor organização das classes democráticas lhe tenha posto termo mais cedo, com o estabelecimento de leis igualitárias e de instituições nacionais livres.

Se a maioria das pessoas tem uma tão fraca noção de como, durante a maior parte da existência da nossa espécie, a lei da força era, absoluta e reconhecidamente, a regra geral de conduta – qualquer outra não passando de uma consequência particular e excepcional de laços especiais – e de como só há tão pouco tempo é que se começou, quanto mais não fosse, a fazer crer que os assuntos gerais da sociedade são regulados de acordo com alguma lei moral, tão pouco se lembram como é que instituições e costumes que nunca tiveram outro fundamento que não fosse a lei da força perduraram até épocas e estádios civilizacionais que nunca teriam permitido a sua primitiva instauração. Há menos de quarenta anos, os ingleses estavam ainda legalmente autorizados a manter seres humanos em cativeiro como propriedade mercantil. Já neste século, podiam raptá-los, levá-los consigo e obrigá-los a trabalhar literalmente até à morte. Este exemplo absolutamente extremo da lei da força, condenado até por aqueles que conseguem tolerar praticamente todas as outras formas de poder arbitrário e que, de entre todas elas, se reveste das características mais revoltantes para a sensibilidade de quantos o considerem sob um ponto de vista imparcial, era a lei da Inglaterra civilizada e cristã, guardada ainda na memória de pessoas presentemente vivas. E, em metade da América anglo-saxónica, há apenas três ou quatro anos, não só havia ainda escravatura, como o comércio de escravos e a criação de escravos para o abastecer eram prática generalizada entre os estados esclavagistas. Todavia, não só existia uma opinião maioritária contra essa prática como, pelo menos em Inglaterra, o sentimento ou interesse a seu favor eram menores do que no caso de qualquer um dos outros tradicionais abusos da força. E isto porque o seu móbil era a pura e ostensiva avidez do lucro, e aqueles que daí tiravam proveito constituíam apenas uma pequena fracção do país – enquanto o sentimento natural de todos os que não tinham um interesse pessoal na escravatura era de absoluta aversão.

Um exemplo tão extremo torna quase supérfluo referir qualquer outro. Mas consideremos a longa duração da monarquia absoluta. Em Inglaterra, é hoje convicção quase geral que o despotismo militar constitui um caso da lei da força, não tendo outra origem ou justificação. Todavia, em todas as grandes nações da Europa, à excepção da Inglaterra, o despotismo ou existe ainda, ou só muito recentemente deixou de existir, e encontra, mesmo nos nossos dias, um forte apoio em todos os estratos da sociedade, sobretudo entre pessoas de elevada condição e importância social. Tal é o poder de um sistema estabelecido, mesmo quando está longe de ser universal – e pese o facto de, em quase todos os períodos da História, encontrarmos grandes e bem conhecidos exemplos do sistema contrário, ainda por cima quase invariavelmente oferecidos pelas mais ilustres e prósperas comunidades. Também neste caso, o detentor do poder ilegítimo, ou seja, a pessoa directamente interessada nele, é um único indivíduo, ao passo que aqueles que lhe estão sujeitos e com ele sofrem são, literalmente, todos os outros. A opressão é natural e necessariamente humilhante para todas as pessoas, excepto para aquela que está no trono e, quando muito, a que espera vir a suceder-lhe.

Ora, que diferença não existe entre estes casos e o poder dos homens sobre as mulheres! Não estou, para já, a julgar a questão da sua justificabilidade. Estou apenas a demonstrar quão infinitamente mais duradouro, ainda que não justificável, esse poder não podia deixar de ser, quando comparado com todas as outras formas de domínio que perduraram, apesar de tudo, até à nossa época. Seja qual for a gratificação do orgulho proporcionada pela detenção de poder, e seja qual for o interesse pessoal no seu exercício, encontra-se, neste caso concreto, confinado a uma classe limitada, mas que é comum a todo o sexo masculino. Em vez de ser, para a maioria dos seus adeptos, algo desejável sobretudo em abstracto ou, como acontece com os objectivos políticos habitualmente disputados por partidos, de pouca importância a nível pessoal para todos quantos não sejam os líderes, este poder entra directamente em casa, na pessoa e no lar de cada homem chefe de família e de quantos anseiem vir a sê-lo. O campónio exerce, ou prepara-se para exercer, o seu quinhão de poder nos mesmos termos que o mais fidalgo dos nobres. E é neste caso que o desejo de poder é mais forte, na medida em que todos os que desejam o poder querem tê-lo, antes de mais, sobre aqueles que lhes são mais próximos, aqueles com quem passam a vida, com quem têm mais interesses em comum, e nos quais qualquer independência em relação à sua autoridade tem maior probabilidade de interferir com as suas preferências individuais. Se, nos outros casos referidos, poderes que manifestamente se fundavam unicamente na força e que dispunham, à partida, de muito menos em que se apoiar, só com tanta lentidão e dificuldade foram abolidos, bem mais complicado será consegui-lo neste caso, muito embora os seus fundamentos não sejam melhores do que os outros.

Temos de considerar também que os detentores do poder têm, neste caso específico, maior facilidade do que em qualquer outro em prevenir uma eventual revolta. Cada uma das súbditas vive mesmo debaixo do olho e, podemos até dizer, praticamente nas mãos do seu senhor – vive em maior intimidade com ele do que com qualquer uma das sua congéneres, desprovida de meios para se coligar contra ele, desprovida de poder para, mesmo localmente, se sobrepor à sua vontade; e, por outro lado, com maiores motivos para procurar agradar-lhe e evitar ofendê-lo. Nas lutas pela emancipação política toda a gente sabe quantas vezes os seus paladinos são comprados com subornos ou dissuadidos pelo terror. No caso das mulheres, cada elemento da classe subjugada vive cronicamente num estado misto de suborno e de intimidação. Ao abraçar o modelo da resistência, um grande número de líderes e, mais ainda, de seguidores, tem de sacrificar quase por completo os prazeres ou comodidades da sua vida privada. Ora, se alguma vez houve um sistema de privilégio e sujeição forçada que tivesse o seu jugo ferreamente preso ao pescoço dos que por ele são subjugados, foi sem dúvida este. Ainda não demonstrei que este sistema é condenável; mas qualquer pessoa que seja capaz de reflectir sobre o assunto necessariamente vê que, mesmo sendo-o, estava destinado a sobreviver a todas as outras formas injustas de autoridade. E, tendo em conta que algumas das mais brutais dessas formas existem ainda em muitos países civilizados, e noutros só recentemente foram abolidas, estranho seria que aquela que é, de longe, a mais profundamente arreigada, se tivesse visto já sensivelmente abalada nalgum lado. Maior motivo de admiração será o facto de os protestos e testemunhos contra ela serem tão numerosos e veementes.

Alguns objectarão que não é correcto comparar o governo do sexo masculino com as formas de poder injusto por mim invocadas para o ilustrar, na medida em que essas são arbitrárias e decorrentes de uma mera usurpação, ao passo que o poder dos homens é, pelo contrário, natural. Mas terá alguma vez existido uma dominação que não parecesse natural aos que a exerciam? Houve um tempo em que a divisão da humanidade em duas classes, uma pequena de senhores e uma numerosa de escravos, se afigurava, mesmo para as mentes mais cultas, não só natural, como a única condição natural da espécie humana. Até um intelecto como o de Aristóteles, que tanto contribuiu para o progresso do pensamento humano, defendeu esta opinião sem quaisquer dúvidas ou reservas, baseando-se nas mesmas premissas em que a aplicação desta tese ao domínio dos homens sobre as mulheres habitualmente se firma – a saber, que existem diferentes naturezas entre os seres humanos, naturezas livres e naturezas escravas; e, enquanto os gregos tinham uma natureza livre, as raças bárbaras dos trácios e dos asiáticos tinham uma natureza escrava. Mas será preciso recuar até Aristóteles? Não era esta mesma doutrina que defendiam os proprietários de escravos do Sul dos Estados Unidos, com todo o fanatismo com que os homens se agarram às ideias que justificam as suas paixões e legitimam os seus interesses pessoais? Não invocaram o Céu e a Terra para demonstrar que o domínio do homem branco sobre o negro era natural, porque a raça negra era, por natureza, incapaz de ser livre e estava fadada para a escravatura? – indo alguns ao ponto de dizer que a liberdade dos trabalhadores manuais vai contra a ordem natural das coisas em qualquer parte do mundo. E já se sabe que também os teóricos da monarquia absoluta sempre a proclamaram como a única forma natural de governo – derivada do patriarcado, que era a forma primitiva e espontânea de organização social, estruturada segundo o modelo paternal, que é anterior à própria sociedade e, argumentam eles, a mais natural de todas as autoridades. Não, no que a isto se refere, a lei da força em si mesma desde sempre se afigurou, para aqueles que não podiam defender nenhuma outra, o mais natural de todos os fundamentos para o exercício da autoridade. As raças conquistadoras consideram como ditame da própria natureza que os conquistados devem obedecer aos conquistadores ou, como eufemisticamente parafraseiam, que as raças mais fracas e pacíficas se devem submeter às mais audazes e viris. De igual modo, mesmo o conhecimento mais superficial da vida na Idade Média nos dá a ver até que ponto os senhores feudais encaravam o seu domínio sobre os homens de baixa condição como algo de extremamente natural, e quão aberrante lhes parecia a ideia de uma pessoa de classe inferior reivindicar igualdade ou exercer qualquer tipo de autoridade em relação a eles. E dificilmente o pareceria menos para a classe subjugada. Nem nas suas lutas mais vigorosas os servos e burgueses emancipados alguma vez manifestaram pretensão a uma parcela de autoridade – a única coisa que reivindicavam era um certo grau de limitação no poder que os tiranizava. Por aqui se vê como é verdade que «anti-natural» significa geralmente apenas «inusitado», e que tudo o que é usual nos parece natural.

Sendo a sujeição das mulheres aos homens um costume universal, tudo o que daí se desvie é, evidentemente, visto como uma anormalidade. Mas, mesmo neste caso, a experiência demonstra-nos à saciedade o quanto esse sentimento está dependente do costume. Nada causa maior espanto às pessoas de regiões remotas do mundo, quando, pela primeira vez, ouvem falar de Inglaterra, do que dizerem-lhes que é governada por uma rainha. O facto parece-lhes tão anormal que o consideram quase incrível. Aos ingleses parece normalíssimo, uma vez que estão habituados a ele – mas já não lhes parece nada natural que as mulheres pudessem ser soldados ou membros do Parlamento. Na época feudal, pelo contrário, não se considerava que a guerra e a política fossem actividades anti-naturais para as mulheres, pois não era invulgar que se dedicassem a elas. Ninguém estranhava que mulheres das classes privilegiadas mostrassem um carácter másculo e não fossem inferiores em nada, tirando a força física, aos seus maridos e pais. A independência das mulheres também parecia bastante mais natural aos gregos do que a outros povos antigos, em virtude das fabulosas amazonas (em cuja existência histórica acreditavam) e do exemplo que, até certo ponto, representavam as mulheres espartanas – as quais, apesar de não se encontrarem menos subordinadas por lei do que as mulheres em outros estados gregos, eram de facto mais livres e, sendo treinadas em exercícios físicos análogos aos dos homens, davam amplas provas de não estarem naturalmente incapacitadas para eles. Não há grande dúvida de que terá sido a experiência espartana que sugeriu a Platão, entre muitas outras, a doutrina da igualdade social e política dos dois sexos.

Mas, dir-se-á, o domínio dos homens sobre as mulheres é diferente de todos os outros porque não é imposto pela força: é aceite voluntariamente, e as mulheres não só não se queixam como são co-responsáveis por nele consentirem. Ora, em primeiro lugar, há um grande número delas que não o aceita. Desde que as mulheres começaram a ter possibilidade de exteriorizar os seus sentimentos pela escrita (o único modo de expressão pública que a sociedade lhes permite), um número crescente delas tem vindo a registar protestos contra a sua presente condição social. E, muito recentemente, largos milhares delas, lideradas pelas mais eminentes mulheres publicamente conhecidas, entregaram uma petição no Parlamento a solicitar o direito de sufrágio. A reivindicação pelas mulheres do direito a uma educação com a mesma qualidade e nas mesmas áreas de conhecimento que a dos homens também se tem feito ouvir de forma cada vez mais insistente, e com boas perspectivas de sucesso, ao mesmo tempo que a necessidade da sua admissão em profissões e actividades que até aqui lhes estavam vedadas se vai tornando, de ano para ano, mais premente. Embora não tenhamos neste país, como acontece nos Estados Unidos, convenções periódicas e um partido organizado para fazer campanha pelos direitos das mulheres, existe uma activa e participada Associação, organizada e dirigida por mulheres, com o objectivo mais limitado de conquistar o direito de voto. E não é apenas no nosso país e nos Estados Unidos que as mulheres estão a começar a protestar, de forma mais ou menos colectiva, contra as discriminações de que são alvo. A França, a Itália, a Suíça e a Rússia oferecem-nos exemplos semelhantes. E quantas mais mulheres não haverá que acalentam silenciosamente idênticas aspirações... é impossível saber. Mas não nos faltam indícios de quantas as *acalentariam* se não fossem tão energicamente ensinadas a reprimi-las como contrárias às conveniências do seu sexo. Temos, além disso, de nos lembrar que nunca uma classe escravizada começou por pedir liberdade completa logo à primeira. Quando Simon de Monfort chamou os deputados do povo para se sentarem pela primeira vez no Parlamento, terá algum deles sonhado sequer exigir que uma assembleia eleita pelos seus constituintes tivesse direito a formar e a dissolver ministérios, ou a dar ordens ao rei em assuntos de Estado? Nunca semelhante ideia terá passado pela cabeça do mais ambicioso deles. A nobreza já tinha essas pretensões. O povo não pretendia mais do que ver-se isento da tributação arbitrária e da rude opressão dos oficiais do rei. É uma lei política da natureza que aqueles que se encontram sob qualquer poder de origem remota nunca começam por se queixar do poder em si, mas apenas do seu exercício opressivo. Há sempre muitas mulheres que se queixam de maus tratos por parte dos maridos. E inúmeras mais haveria se a queixa não fosse a maior de todas as provocações para a repetição e intensificação dos maus tratos. É isso que frustra todas as tentativas de manter o poder, protegendo simultaneamente a mulher contra os seus abusos. Em nenhum outro caso (tirando o das crianças) vemos a pessoa que sofreu uma agressão judicialmente comprovada ser de novo colocada sob o poder físico do seu agressor. Em consequência disso, as mulheres, mesmo nos mais extremos e prolongados casos de maus tratos físicos, só muito raramente ousam recorrer às leis feitas para a sua protecção; e se num momento de irreprimível indignação, ou por interferência de vizinhos, são levadas a fazê-lo, todo o seu esforço subsequente irá no sentido de revelar o mínimo possível, de maneira a salvar o tirano do seu merecido castigo.

Todas as causas, sociais e naturais, se conjugam para minimizar as probabilidades de as mulheres se rebelarem colectivamente contra o poder dos homens. A sua posição é desde logo diferente da de todas as outras classes subjugadas pelo facto de os seus senhores pretenderem delas algo mais do que um simples serviço. Os homens não querem unicamente a obediência das mulheres, querem também os seus sentimentos. Todos os homens, à excepção dos mais grosseiros, desejam ter, na mulher a quem estão mais intimamente ligados, não uma escrava forçada, mas uma escrava voluntária, e não somente uma escrava, mas uma favorita. Recorreram, por conseguinte, a todas as estratégias para escravizar as suas mentes. Os donos de todos os outros escravos contam com o medo para manter a obediência – seja medo deles próprios, ou medos de natureza religiosa. Os donos das mulheres quiseram mais do que simples obediência, e orientaram todo o poder da educação para esse objectivo. Todas as mulheres são, desde a mais tenra infância, criadas na crença de que o seu ideal de carácter é diametralmente oposto ao dos homens: não vontade própria e capacidade de se governarem autonomamente, mas submissão e rendição ao controlo dos outros. Todos os preceitos morais lhes dizem que é seu dever – e todos os sentimentalismos correntes afirmam que é da sua natureza – viver para os outros, abdicando por completo de si próprias, e não tendo outra vida que não seja para os seus afectos. E esses afectos significam os únicos que lhes é permitido ter: o afecto pelo homem a quem estão ligadas e o afecto pelos filhos, que constituem um laço adicional e indissolúvel entre ambos. Quando adicionamos três coisas – primeiro, a atracção natural entre sexos opostos; segundo, a total dependência da mulher em relação ao marido, em consequência da qual qualquer privilégio ou prazer que tenha será ou dádiva dele, ou inteiramente fruto da sua vontade; e, por último, o facto de que é geralmente apenas através do marido que a mulher pode perseguir ou alcançar o principal objecto das aspirações humanas, a consideração dos outros, bem como todos os outros objectos da ambição social – quando adicionamos tudo isto, dizíamos, seria realmente um milagre se o objectivo de ser atraente para os homens não se tivesse convertido na estrela polar da educação e formação do carácter feminino. E, uma vez adquirido este poderoso meio de influenciar o espírito das mulheres, um instinto egoísta levou os homens a tirar dele o máximo proveito como forma de as manter subjugadas, apresentando-lhes a docilidade, a submissão e a abdicação de toda a vontade própria em favor de um homem como componentes básicas da sua atracção sexual. Haverá dúvidas de que qualquer um dos outros jugos que a humanidade conseguiu quebrar teria subsistido até hoje se tivesse sido possível recorrer aos mesmos meios, e aplicá-los com idêntica persistência, para vergar o espírito dos escravizados? Se se tivesse conseguido que o objectivo da vida de cada jovem plebeu fosse conquistar as boas graças de um patrício, ou o de cada jovem servo as de um senhor; se lhes tivessem apresentado o serviço doméstico dos amos e uma parcela do seu afecto pessoal como a recompensa que todos deveriam almejar, podendo os mais dotados e ambiciosos contar com os prémios mais cobiçados; e se, uma vez obtido esse prémio, tivessem sido separados por uma muralha de bronze de todos os interesses que não girassem exclusivamente em torno do seu senhor, e de todos os desejos e sentimentos que não fossem por ele partilhados ou inculcados – não seria então a distinção entre servos e senhores, entre plebeus e patrícios, tão grande como a que hoje existe entre homens e mulheres? E, à excepção de um ou outro pensador ocasional, não se teriam todos convencido de que essa distinção era um facto fundamental e inalterável da natureza humana?

A nossa reflexão até aqui é mais do que suficiente para demonstrar que o costume, por muito universal que possa ser, não autoriza, neste caso, nenhuma presunção, nem justifica qualquer preconceito a favor do sistema que coloca as mulheres num estado de sujeição social e política em relação aos homens. Mas posso ir mais longe e afirmar que o curso da História e as tendências progressistas da sociedade humana não só não nos permitem qualquer presunção a favor deste sistema de desigualdade de direitos como nos proporcionam, pelo contrário, uma forte presunção contra ele; e que, se todo o processo de evolução humana até aos nossos dias e todo o fluxo das actuais tendências nos autorizam qualquer interferência nesta matéria, será no sentido de considerar que esta relíquia do passado está em colisão com o futuro e tem necessariamente de desaparecer.

Pois qual será, na verdade, a característica peculiar do mundo moderno – a principal diferença que distingue as instituições modernas, as concepções sociais modernas, a própria vida moderna em si, das de épocas há muito passadas? É o facto de os seres humanos já não nascerem com um lugar pre-destinado na vida, ao qual permaneciam acorrentados por uma inexorável cadeia, mas sim livres de usar as suas faculdades e todas as oportunidades que lhes surjam para alcançar o destino que considerem mais desejável. A sociedade antiga era constituída segundo um princípio muito diferente. Todas as pessoas nasciam com uma posição social fixa, e eram, na sua maioria, mantidas nela por lei, ou impedidas de recorrer a quaisquer meios que lhes permitissem ascender a uma posição superior. Do mesmo modo que uns nascem brancos e outros negros, também uns nasciam escravos e outros homens livres e cidadãos; uns nasciam patrícios e outros plebeus, uns nobres feudais e outros homens do povo e *roturiers**. Um escravo ou servo não podia nunca libertar-se nem, a não ser por vontade do seu amo, tornar-se um ser humano livre. Na maioria dos países europeus, foi só já perto do final da Idade Média, e em consequência do fortalecimento do poder real, que membros do povo puderam aceder a títulos nobiliárquicos. Mesmo entre a nobreza o filho primogénito nascia como herdeiro exclusivo do património paterno, e muito tempo se passaria até que ficasse plenamente estabelecido que o pai podia deserdá-lo. Entre as classes trabalhadoras, só aqueles que nasciam membros de uma corporação, ou que nela eram admitidos pelos seus membros, podiam licitamente praticar o seu ofício, dentro dos limites locais. E ninguém podia exercer um ofício considerado importante de outra maneira que não fosse a legal, ou seja, mediante processos prescritos por uma autoridade. Houve artesãos que foram parar ao pelourinho por terem ousado desenvolver o seu trabalho com métodos novos e mais aperfeiçoados.

Na Europa moderna, e sobretudo nos países que mais activamente participaram em todos os outros

---

* NT: Em francês no original.

desenvolvimentos da nossa época, prevaleçam agora doutrinas diametralmente opostas. A lei e o governo não tentam prescrever por quem é que uma dada operação social ou industrial deve ou não ser conduzida, ou que modos de conduzi-la devem ser considerados lícitos. Tais aspectos são deixados ao livre critério dos indivíduos. Neste país, mesmo as leis que exigiam que os trabalhadores cumprissem um período de aprendizagem foram revogadas, uma vez que se pode partir seguramente do princípio de que, em todos os casos que requeiram uma aprendizagem, a sua necessidade será suficiente para a impor. A teoria antiga era a de que se devia deixar o mínimo possível à escolha do agente individual; que tudo o que ele tinha de fazer lhe deveria ser, tanto quanto possível, ditado por uma mente superior. Entregue a si próprio, iria certamente fazer asneira. Ora, a convicção moderna, fruto de mil anos de experiência, assenta na ideia de que as coisas em que o indivíduo é a pessoa directamente interessada só correm bem quando são deixadas ao seu próprio critério; e que qualquer regulação por uma autoridade, salvo quando se trate de proteger os direitos de outros, será seguramente nociva. Esta conclusão, a que se levou muito tempo a chegar, e que só viria a ser adoptada depois de quase todas as aplicações possíveis da teoria contrária terem sido ensaiadas com resultados desastrosos, é hoje (no sector industrial) universalmente aceite nos países mais avançados, e quase universalmente nos que têm pretensões a qualquer tipo de progresso. Não é que se considere que todos os processos são igualmente bons, ou todas as pessoas igualmente qualificadas para tudo; mas sim que se reconhece agora que a liberdade de escolha individual é a única coisa que conduz à adopção dos melhores processos e que coloca cada operação nas mãos daqueles que estão mais habilitados a executá-la. Ninguém considera necessário fazer uma lei que estipule que só um homem com braços fortes pode ser ferreiro. A liberdade e a concorrência são quanto basta para que os ferreiros sejam homens de braços fortes, uma vez que os de braços fracos se podem defender melhor em ocupações para que estejam mais talhados. Em consonância com esta doutrina, sente-se que é uma transgressão dos limites próprios da autoridade fixar de antemão, com base numa qualquer presunção geral, que certas pessoas não têm capacidade para fazer certas coisas. É hoje em dia plenamente sabido e reconhecido que, se existem algumas presunções desse género, nenhuma delas é infalível. Mesmo que estivesse bem fundamentada numa maioria de casos, o que muito provavelmente não está, haverá sempre uma minoria de casos excepcionais em que não se aplica. E nesses será simultaneamente uma injustiça para os indivíduos e um prejuízo para a sociedade colocar barreiras que os impeçam de usar as suas faculdades em seu próprio benefício e em benefício dos outros. Nos casos em que, pelo contrário, exista uma incapacidade real, as motivações normais da conduta humana serão, de um modo geral, suficientes para impedir que a pessoa incompetente empreenda ou persista na tentativa.

Se este princípio geral da ciência social e económica não for verdadeiro; se os indivíduos, com a ajuda que podem obter da opinião de quem os conhece, não estiverem em melhor posição do que a lei e o governo para ajuizar das suas próprias capacidades e vocação, será então mais do que tempo de o mundo abandonar este princípio e regressar ao velho sistema de discriminações. Mas, caso este princípio seja verdadeiro, deveríamos então agir como quem acredita nele, considerando que, tal como nascer-se preto em vez de branco, ou plebeu em vez de nobre, também o facto de se nascer rapariga em vez de rapaz não pode decretar a posição que essa pessoa irá ocupar ao longo de toda a sua vida – interditando-lhe o acesso a todas as posições sociais mais elevadas e a quase todas as ocupações respeitáveis. Ainda que quiséssemos admitir o máximo de quanto se alega relativamente à superior competência dos homens para todas as funções que lhes estão actualmente reservadas, aplicar-se-ia aqui o mesmo argumento que se opõe às restrições legais para os membros do Parlamento: se, uma única vez em cada doze anos, as condições de elegibilidade excluírem uma pessoa competente, haverá uma perda real, ao passo que a exclusão de milhares de incompetentes não constitui nenhum ganho – pois se a constituição do corpo eleitoral o leva a escolher pessoas inadequadas, haverá sempre imensas pessoas por onde escolher. Em todas as actividades de alguma dificuldade e importância, os que conseguem fazê-las bem não chegam nunca para as necessidades, mesmo quando o campo de selecção é o mais amplo possível. E qualquer limitação do leque de escolha priva a sociedade de algumas oportunidades de ser servida pelos competentes, sem a salvar nunca dos incompetentes.

Presentemente, nos países mais desenvolvidos, a discriminação das mulheres é o único caso, salvo outro, em que as leis e as instituições tomam as pessoas à nascença e decretam que nunca lhes será permitido, em toda a sua vida, competir por determinadas coisas. A única excepção é a realeza. As pessoas ainda nascem para ocupar o trono. Ninguém que não pertença à família real poderá alguma vez ocupá-lo, e mesmo os seus membros só podem ascender a ele por via da sucessão hereditária. Tirando isso, todos os outros cargos elevados e os benefícios sociais estão abertos a todo o sexo masculino. Grande parte deles, na verdade, só estão ao alcance dos ricos, mas a riqueza pode ser conquistada por qualquer um, e tem-no efectivamente sido por muitos homens da mais humilde condição. Para a maioria, as dificuldades são de facto insuperáveis sem a ajuda de alguns golpes de sorte. Mas nenhum ser humano do sexo masculino se encontra sob qualquer interdição legal – nem a lei nem as convenções acrescentam obstáculos artificiais aos naturalmente existentes. A realeza, como disse, está excluída; mas esse é um caso que toda a gente sente ser uma excepção – uma anomalia no mundo moderno, em nítido contraste com os seus costumes e princípios, e justificável apenas por conveniências especiais de carácter extraordinário que, não obstante a diferença no peso que lhes é atribuído por indivíduos e nações, indubitavelmente existem. Mas, neste caso excepcional em que uma alta função social é, por razões de peso, outorgada logo à nascença, em vez de aberta à competição, todas as nações livres encontram maneira de aderir na prática ao princípio que formalmente violam, uma vez que restringem o desempenho dessa elevada função através de condições manifestamente destinadas a impedir que a pessoa a quem ela aparentemente pertence a possa realmente exercer – ao passo que a pessoa que a desempenha na prática, o Primeiro-Ministro, obtém efectivamente o cargo através de uma competição de que nenhum cidadão adulto do sexo masculino se encontra legalmente excluído. A discriminação a que as mulheres estão sujeitas pelo simples facto do seu nascimento constitui, por conseguinte, o único exemplo deste género na ordem jurídica contemporânea. Em nenhum outro caso, excepto neste, que abrange metade da espécie humana, se encontram as funções sociais de maior responsabilidade vedadas a alguém por uma fatalidade de nascimento que nenhum esforço ou mudança de circunstâncias pode ultrapassar. Nem mesmo a discriminação religiosa (que, de resto, tanto na Inglaterra como na Europa, deixou praticamente de existir) interdita qualquer carreira à pessoa desqualificada em caso de conversão.

A subordinação social das mulheres destaca-se assim como um facto isolado nas instituições sociais modernas; uma transgressão singular daquilo que se tornou a sua lei fundamental, uma relíquia solitária de um velho mundo de ideias e práticas desacreditado em todo o resto, mas preservado no seu preciso ponto de interesse mais universal – como se um gigantesco dólmen, ou um grandioso templo de Júpiter Olímpio, ocupasse o espaço da Catedral de S. Paulo e recebesse um culto diário, ao passo que as igrejas cristãs circunvizinhas ficassem apenas reservadas para épocas de jejum e para os festivais. Esta total discrepância entre um facto social e todos os que lhe são concomitantes, bem como a radical oposição entre a sua natureza e o movimento do progresso de que tanto se orgulha o mundo moderno – e que tem vindo sucessivamente a varrer tudo quanto havia de carácter análogo –, oferece seguramente matéria para reflexão a um observador consciencioso das tendências humanas. Levanta uma presunção *prima facie* sobre o seu lado negativo que sobreleva, de longe, qualquer outra que os usos e costumes pudessem, nestas circunstâncias, gerar sobre o seu lado positivo. E deveria ser, pelo menos, suficiente para, à semelhança da escolha entre república e monarquia, fazer desta matéria uma questão ambivalente. O mínimo que se pode exigir é que não se considere esta questão como antecipadamente decidida pelos factos e pelas opiniões existentes, mas sim aberta à discussão sobre os seus méritos, como questão de justiça e de conveniência – estando a decisão sobre ela, tal como sobre qualquer outra forma de organização social dos seres humanos, dependente do que uma avaliação lúcida de tendências e consequências possa demonstrar ser o mais vantajoso para a humanidade em geral, sem distinção de sexo. E a discussão terá de ser uma verdadeira discussão, que vá até à raiz e não se dê por satisfeita com asserções vagas e generalistas. Não bastará, por exemplo, afirmar em termos genéricos que a experiência da humanidade se pronunciou a favor do sistema existente. A experiência não pode, de forma alguma, ter optado entre duas vias se só uma foi experimentada. Se se disser que a doutrina da igualdade dos sexos se baseia apenas na teoria, convém lembrar que a doutrina contrária também não tem mais do que teoria para se apoiar. Tudo o que a experiência directa provou a seu favor foi que a humanidade tem conseguido viver com ela e atingir o grau de progresso e prosperidade que actualmente observamos. Mas quanto à questão de saber se essa prosperidade foi mais rapidamente alcançada, ou é maior do que teria sido sob o outro sistema, a experiência nada nos diz. O que, em contrapartida, a experiência nos diz é que cada passo no caminho do progresso tem sido tão invariavelmente acompanhado por um passo dado na elevação do estatuto social das mulheres que historiadores e filósofos têm sido levados a adoptar a sua elevação ou rebaixamento, em termos gerais, como o teste mais seguro e a medida mais correcta da civilização de um povo ou de uma época. Ao longo de toda a evolução da história humana, a condição das mulheres tem-se vindo a aproximar da igualdade com os homens. Embora isso, por si só, não prove que a assimilação tenha de ir até à completa igualdade, dá-nos seguramente algumas razões para supor que assim seja.

De nada vale igualmente dizer que a *natureza* dos dois sexos os adapta às suas presentes funções e posição, tornando-as adequadas a ambos. Firmando-me na razão do senso comum e na constituição da mente humana, contesto que alguém conheça, ou possa conhecer, a natureza dos dois sexos, uma vez que só houve ocasião de vê-los na sua presente relação um com o outro. Se alguma vez se tivesse conhecido uma sociedade de homens sem mulheres, ou de mulheres sem homens, ou se tivesse existido uma sociedade de homens e mulheres em que estas não estivessem sob o controlo daqueles, teria sido possível adquirir algum conhecimento preciso acerca das diferenças psicológicas e morais eventualmente inerentes à natureza de cada um. Aquilo a que hoje se chama a natureza das mulheres é algo de eminentemente artificial – resultado de uma repressão forçada em determinados sentidos e de uma estimulação anómala noutros. Podemos seguramente afirmar que nenhuma outra classe de seres dependentes terá tido o seu carácter tão inteiramente deformado das suas proporções naturais pela relação com os seus senhores – pois, se é verdade que as raças conquistadas e escravizadas foram, nalguns aspectos, mais violentamente oprimidas, também é um facto que aquilo que nelas não foi esmagado por um calcanhar de ferro foi geralmente deixado em paz e, em dispondo de alguma liberdade para se desenvolver, tê-lo--á feito de acordo com as suas próprias leis. No caso das mulheres, porém, algumas das capacidades da sua natureza foram sempre objecto de uma cultura de estufa, para benefício e prazer dos seus senhores. E então, porque certos frutos da força vital do universo desabrocham luxuriantemente e atingem um grande desenvolvimento nessa atmosfera aquecida em que são diligentemente nutridos e regados – ao passo que outros rebentos da mesma raiz que são deixados lá fora, à temperatura invernal e com gelo propositadamente amontoado em seu redor, têm um crescimento atrofiado, e alguns acabam mesmo queimados e desaparecem – os homens, com aquela incapacidade de reconhecer a sua própria obra que caracteriza as mentes pouco profundas, estão indolentemente convencidos de que a árvore cresce por si mesma da forma como eles a fazem crescer, e que morreria se não tivesse metade mergulhada num banho de vapor e a outra metade na neve.

De todas as dificuldades que impedem o progresso do pensamento e a formação de opiniões bem fundadas sobre a vida e os modos de organização social, a maior de todas, hoje em dia, é a inqualificável ignorância e desatenção das pessoas em relação às influências que moldam o carácter humano. Quaisquer que sejam as características que uma qualquer fracção da espécie humana presentemente tenha (ou aparente ter) será porque, supõe-se, tende por natureza a ser assim – mesmo quando o mais elementar conhecimento das circunstâncias em que essas pessoas foram colocadas claramente indica as causas que as fizeram ser como são. Porque um camponês arrendatário com muitas rendas atrasadas não é um grande trabalhador, há pessoas que acham que os irlandeses são naturalmente preguiçosos. Porque as constituições podem cair por terra quando as autoridades nomeadas para as fazer cumprir viram armas contra elas, há pessoas que pensam que os franceses são incapazes de ter um governo livre. Porque os gregos enganaram os turcos, enquanto os turcos se limitaram a saquear os gregos, há pessoas que julgam que os turcos são naturalmente mais sinceros. E porque as mulheres, como frequentemente se diz, não têm qualquer interesse por política, a não ser pelas suas personalidades, acredita-se que o bem comum interessa naturalmente menos às mulheres do que aos homens. Ora, a História, que compreendemos hoje bem melhor do que antigamente, ensina-nos outra lição, quanto mais não seja por demonstrar a extraordinária susceptibilidade da natureza humana às influências externas e a extrema variabilidade das suas manifestações que se supõe serem mais universais e uniformes. Mas na História, tal como nas viagens, os homens só vêem, por norma, aquilo que já têm na sua própria mente; poucos são os que aprendem muito com a História, e não levam já demasiados preconceitos para o seu estudo.

E é assim que, no que se refere à dificílima questão de saber quais serão as diferenças naturais entre os dois sexos – uma matéria sobre a qual nos é impossível, no presente estado da sociedade, obter um conhecimento rigoroso e completo –, se quase todos têm respostas dogmáticas para ela, poucos são os que não negligenciam e desvalorizam o único meio que nos permitiria lançar alguma luz sobre o assunto: um estudo aprofundado da mais importante área da Psicologia, as leis da influência das circunstâncias sobre o carácter. Pois por muito grandes e aparentemente inextirpáveis que possam ser as diferenças morais e intelectuais entre homens e mulheres a hipótese de se tratar de diferenças naturais só podia, na verdade, revelar-se negativa.

Apenas se poderia inferir serem naturais as que não pudessem, de forma alguma, ser artificiais – o resíduo que restasse, uma vez deduzidas todas as características de cada sexo susceptíveis de serem explicadas pela educação ou pelas circunstâncias externas. Sem o mais profundo conhecimento das leis da formação do carácter, ninguém pode sequer afirmar que existe alguma diferença – quanto mais dizer em que é que essa diferença consiste – entre ambos os sexos, considerados enquanto seres morais e racionais. E, atendendo a que, até aqui, ninguém tem esse conhecimento (pois dificilmente se encontrará outro tema que, proporcionalmente à sua importância, tenha sido tão pouco estudado), ninguém está actualmente em posição de emitir qualquer opinião categórica sobre o assunto. Tudo o que presentemente se pode fazer são conjecturas – conjecturas mais ou menos prováveis, consoante estejam mais ou menos autorizadas pelo conhecimento que já hoje temos sobre as leis da Psicologia aplicadas à formação do carácter.

Mesmo o conhecimento preliminar, saber quais são as actuais diferenças entre os dois sexos – independentemente de toda a questão de saber como os sexos se tornam naquilo que são – encontra-se ainda no estado mais incipiente e incompleto. Os médicos e os fisiologistas investigaram, até certo ponto, as diferenças de constituição física, e esse é um elemento importante para o psicólogo. Mas poucos praticantes da medicina são igualmente psicólogos, de forma que, no que respeita às características mentais das mulheres, as suas observações não valem mais do que as da generalidade dos indivíduos. Esta é uma matéria em que não é possível tirar conclusões definitivas, na medida em que as únicas pessoas que realmente a conhecem, ou seja, as próprias mulheres, pouco se pronunciaram ainda a seu respeito – e mesmo esse pouco, muitas vezes sob suborno. É fácil conhecer mulheres estúpidas. A estupidez é mais ou menos idêntica em qualquer parte do mundo. As noções e sentimentos de uma pessoa estúpida podem ser seguramente inferidos a partir dos que imperam no seu meio circundante. Já o mesmo não acontece com aquelas pessoas cujas opiniões e sentimentos emanam da sua própria natureza e das suas faculdades. Apenas um ou outro homem tem um conhecimento minimamente razoável até mesmo do carácter das mulheres da sua própria família. Não me refiro às suas capacidades. Essas ninguém as conhece, nem sequer as próprias mulheres, uma vez que a maioria delas nunca foram postas à prova. Refiro-me àquilo que realmente pensam e sentem. Muitos homens julgam que conhecem perfeitamente as mulheres porque tiveram relações amorosas com algumas, ou até mesmo muitas delas. Se forem bons observadores e a sua experiência abranger não só a quantidade, mas também a qualidade, podem ter aprendido alguma coisa sobre uma área restrita da sua natureza – uma área importante, sem dúvida. Mas, quanto a todo o resto, poucas pessoas serão, de um modo geral, tão ignorantes, pois poucas haverá de quem isso seja tão cuidadosamente ocultado. O caso mais favorável de que um homem geralmente dispõe para estudar o carácter de uma mulher é o da sua própria esposa – não só a ocasião é maior, como as situações de perfeita empatia não são assim tão raras. E, de facto, parece-me ter sido geralmente essa a fonte de onde proveio todo o conhecimento válido nesta matéria. Acontece, porém, que muitos homens não terão tido oportunidade de estudar desta forma mais do que um único caso; e daí que possamos, a um ponto quase risível, inferir que tipo de mulher um determinado homem tem a partir das suas opiniões sobre as mulheres em geral. Todavia, para que mesmo esse único caso produza algum resultado, a mulher tem de valer o conhecimento, e o homem ser não apenas um juiz competente, mas possuir um carácter tão compreensivo e tão bem adaptado ao dela que ou seja capaz de lhe ler a mente por intuição empática ou não tenha nada em si mesmo que a iniba de lho revelar. Creio que dificilmente alguma coisa poderia ser mais rara do que esta conjunção. Acontece frequentemente existir a mais perfeita harmonia de sentimentos e comunhão de interesses em relação a todas as coisas exteriores e, no entanto, cada um possuir tão pouco acesso à vida interior do outro que é como se fossem meros conhecidos. Mesmo quando existe verdadeiro afecto, a autoridade de um lado e a subordinação do outro impedem uma plena confiança. Ainda que nada seja intencionalmente ocultado, há muita coisa que não se mostra. Na relação análoga entre pais e filhos, já toda a gente terá observado um fenómeno semelhante. Entre pai e filho, por exemplo, quantos não serão os casos em que o pai, não obstante o genuíno afecto existente entre ambos, manifestamente ignora, e nem tão-pouco imagina, a existência de determinadas facetas no carácter do filho que os amigos e colegas deste, em contrapartida, tão bem conhecem? A verdade é que a posição de olhar alguém de baixo para cima é muito pouco propícia a uma completa sinceridade e abertura. O receio de descer na sua consideração ou estima é tão forte que, mesmo num carácter íntegro, existe uma tendência inconsciente para mostrar apenas o lado melhor, ou o lado que, embora não sendo o melhor, é o que o outro mais gosta de ver. E daí que possamos seguramente dizer que um verdadeiro conhecimento recíproco só é geralmente possível entre duas pessoas que, além de íntimas, sejam iguais. Ora, quantas vezes melhor não se aplicará tudo isto quando uma das pessoas não só está sob a autoridade da outra como tem inculcado em si o dever de considerar que tudo o mais se encontra subordinado ao conforto e prazer da outra, e que não deve deixá-la ver ou sentir nada vindo de si que não seja susceptível de lhe agradar? Todas estas dificuldades impedem um homem de obter um conhecimento profundo até mesmo da única mulher que tem, por norma, oportunidade de estudar. E, se considerarmos ainda que compreender uma mulher não é necessariamente compreender qualquer outra; que, ainda que o homem em questão pudesse estudar um grande número de mulheres de uma determinada classe ou país, não iria por isso compreender mulheres de outras classes ou países – e, mesmo que o conseguisse, seriam sempre apenas as mulheres de um período específico da História – se considerarmos isto, dizíamos, podemos seguramente afirmar que o conhecimento que os homens podem adquirir das mulheres, mesmo que limitado ao que elas têm sido e são, sem falar já no que poderiam ser, é deploravelmente imperfeito e superficial, e assim permanecerá até que as mulheres, elas mesmas, digam tudo quanto têm a dizer.

Ora esse momento não chegou ainda, e só muito gradualmente chegará. Só muito recentemente as mulheres se viram qualificadas por dotes literários, ou autorizadas pela sociedade a dizer algo ao público em geral. Para já, são ainda muito poucas as que se atrevem a dizer alguma coisa que os homens, de quem o seu sucesso literário depende, não estejam dispostos a ouvir. Lembremo-nos de que maneira, até há bem pouco tempo ainda, era (e, em certa medida, continua a ser) habitualmente recebida a expressão, mesmo por um autor masculino, de opiniões inusitadas, ou do que se considera serem sentimentos excêntricos – e talvez fiquemos com uma pálida ideia dos constrangimentos com que uma mulher, criada na crença de que o costume e a opinião alheia são as suas regras soberanas, tenta expressar num livro algo vindo do mais profundo da sua própria natureza. A mais notável autora que deixou escritos suficientes para ocupar uma posição de destaque na literatura do seu país considerou necessário antepor em epígrafe à sua obra mais ousada: "*Un homme peut braver l'opinion; une femme doit s'y soumettre.*"[1] A maior parte da escrita feminina sobre mulheres visa simplesmente bajular os homens. No caso das mulheres solteiras, muito do que escrevem parece ter por único intuito aumentar as suas hipóteses de arranjar marido. Muitas delas, tanto casadas como solteiras, passam mesmo das marcas, manifestando um servilismo que ultrapassa tudo o que qualquer homem, à excepção dos mais ordinários, possa desejar ou apreciar. Mas isso já vai sendo menos frequente do que até a uma época bem próxima ainda acontecia. As mulheres letradas estão a tornar-se mais sinceras e mais inclinadas a expressar as suas verdadeiras ideias. Infelizmente, porém, e sobretudo neste país, elas próprias são uns produtos tão artificiais que as suas ideias são cons-

---

[1] Frontispício de *Delphine*, de Madame de Stäel (Um homem pode desafiar a opinião; uma mulher deve submeter-se a ela).

tituídas por uma pequena parcela de consciência e observação individual e uma grande parte de preconceitos adquiridos. Esta situação tende progressivamente a alterar-se, mas permanecerá em grande medida um facto enquanto as instituições sociais não permitirem às mulheres o mesmo livre desenvolvimento da originalidade que é concedido aos homens. Quando essa altura chegar, e não antes, haveremos de ver, e não simplesmente de ouvir, tudo aquilo de que precisamos para conhecer a natureza das mulheres e a melhor forma de lhes adaptar as outras coisas.

Insisti tanto nas dificuldades que presentemente impedem os homens de adquirir algum conhecimento efectivo da verdadeira natureza das mulheres porque nisto, como em tantas outras coisas, "*opinio copiae inter maximas causas inopiae est*". E não haverá grandes hipóteses de uma reflexão racional sobre esta matéria enquanto as pessoas estiverem convencidas de que compreendem perfeitamente uma questão sobre a qual a maioria dos homens não sabe absolutamente nada, e em relação à qual é actualmente impossível que qualquer homem, ou todos os homens em conjunto, possam ter algum conhecimento que os autorize a decretar leis às mulheres quanto ao que será ou não da sua vocação. Felizmente, esse conhecimento não é necessário para qualquer finalidade prática relacionada com a posição das mulheres em relação à sociedade e à vida, uma vez que, e em consonância com todos os princípios envolvidos na sociedade moderna, a questão está nas mãos das próprias mulheres – para ser decidida pela sua própria experiência e pelo exercício das suas próprias faculdades. Não existe forma de descobrir o que uma pessoa, ou toda uma classe de pessoas, consegue fazer, a não ser tentando – nem nenhum outro meio pelo qual alguém possa concluir, em vez delas, o que lhes será benéfico fazer, ou deixar de fazer.

De uma coisa podemos estar certos: não será pelo simples facto de lhes ser permitido dar livre curso à sua natureza que as mulheres serão induzidas a fazer algo que seja contrário a essa natureza. A ânsia humana de interferir em nome da natureza, com receio de que esta não consiga alcançar a sua finalidade, é uma solicitude inteiramente desnecessária. É perfeitamente supérfluo impedir as mulheres de fazer algo que elas não sejam, por natureza, capazes de fazer. E relativamente ao que sejam, mas não tão bem como os homens seus concorrentes, a competição será suficiente para as excluir – pois ninguém está a pedir leis proteccionistas e regalias para as mulheres. Pede-se unicamente que as presentes regalias e leis proteccionistas a favor dos homens sejam abolidas. Se as mulheres têm naturalmente maior propensão para umas coisas do que para outras, não são precisas leis, nem formação social, para convencer a maioria delas a optar pelas primeiras em detrimento das segundas. Quaisquer que sejam as funções em que são mais necessárias, as mulheres encontrarão no livre jogo da concorrência os mais fortes incentivos para as empreenderem. E, como está implícito nas próprias palavras, as mulheres são mais necessárias nas coisas para que estão mais aptas. Quando lhes for permitido participar delas, as faculdades conjuntas de ambos os sexos poderão ser integralmente aplicadas, com o maior somatório de resultados valiosos.

A opinião geral dos homens é, supostamente, a de que a vocação natural de uma mulher é para ser esposa e mãe. E digo "supostamente" porque, se fôssemos a julgar pelos actos – por toda a presente constituição da sociedade – poderíamos inferir que a sua opinião era justamente a contrária. Seríamos antes levados a supor que os homens consideram que a alegada vocação natural das mulheres é, de todas as coisas, a que mais repugna à sua natureza, de tal forma que, se tiverem liberdade para fazer qualquer outra coisa – ou seja, se tiverem acesso a qualquer outro modo de vida, ou de ocupação do seu tempo e faculdades que, de alguma forma, lhes pareça aliciante –, não haverá um número suficiente de mulheres dispostas a aceitar a condição que se diz ser-lhes natural. Se é isto o que a generalidade dos homens verdadeiramente pensa, seria bom que o dissessem com clareza. Gostaria de ouvir alguém expor abertamente a doutrina (que está implícita em muito do que se escreve sobre este assunto): "É necessário para a sociedade que as mulheres se casem e tenham filhos. Mas não o farão se não forem obrigadas. Temos, pois, de as obrigar." Os méritos desta causa ficariam então claramente definidos. Seriam exactamente os mesmos dos proprietários de escravos da Carolina do Sul e do Louisiana: "É necessário plantar algodão e açúcar. Os homens brancos não sabem cultivá-los. Os negros não querem fazê-lo por nenhum dos salários que lhes propusemos. *Ergo*, temos de obrigá-los." Um exemplo ainda mais ilustrativo é o do recrutamento forçado. Os marinheiros são absolutamente necessários para defender o país. Acontece com frequência que não querem alistar-se voluntariamente. Tem, pois, de haver um poder que os obrigue. Quantas vezes não foi esta lógica usada! E, não fora uma pequena falha, teria funcionado bem até hoje. Sendo como é, está exposta à réplica: "Em primeiro lugar, pagai aos marinheiros o honesto valor do seu trabalho. Quando tiverdes feito que lhes mereça tanto a pena servir-vos a vós como trabalhar para quaisquer outros patrões, não tereis maior dificuldade do que esses em obter os seus serviços." Para isto, não haverá resposta lógica que não seja "Ai isso é que não pago!"; e, como as pessoas hoje não só têm vergonha como sentem escrúpulos em privar um trabalhador do seu salário, já ninguém defende o recrutamento forçado. Aqueles que tentam obrigar as mulheres a casar-se, fechando-lhes todas as outras portas, expõem-se a uma réplica idêntica. Se estão realmente convencidos do que dizem, a sua opinião tem evidentemente de ser a de que os homens não tornam a condição matrimonial tão desejável para as mulheres que as induza a aceitá-la pelas suas próprias virtudes. Não é indício de que consideramos a oferta feita muito atractiva confrontarmos alguém com a escolha de Hobson: "Ou isso, ou nada". E aqui se encontra, segundo creio, a explicação para os sentimentos daqueles homens que têm uma verdadeira aversão à ideia de uma liberdade igualitária para as mulheres. Estou convencido de que têm medo – não de que as mulheres não estejam dispostas a casar-se, pois não me parece que alguém tenha realmente essa apreensão, mas de que insistam que o casamento deve oferecer condições igualitárias; medo, pois, de que todas as mulheres inteligentes e capazes preferissem quase qualquer alternativa que não considerassem degradante a casar-se, se o casamento equivalesse a arranjarem um dono para si mesmas e para todos os seus bens materiais. E, na verdade, se esta consequência fosse necessariamente inerente ao casamento, penso que aquela apreensão teria muita razão de ser. Concordo que é provável que poucas mulheres capazes de fazer qualquer outra coisa quisessem – a menos que sob o efeito de um irresistível *entrainement** que as deixasse temporariamente insensíveis a tudo o resto – escolher tal destino, caso dispusessem de quaisquer

---

* NT: Em francês, no original (arrebatamento).

outros meios para ocupar uma posição digna na vida. E, se os homens estão determinados a que a lei do casamento seja uma lei de despotismo, têm toda a razão, de um ponto de vista meramente táctico, em deixar as mulheres reduzidas à escolha de Hobson. Mas, nesse caso, tudo quanto o mundo moderno tem feito para afrouxar a corrente que prende as mentes das mulheres tem sido um erro. Nunca lhes deveria ter sido permitido receber uma educação literária. As mulheres que lêem e, muito pior ainda, as mulheres que escrevem, constituem, na presente ordem das coisas, uma contradição e um elemento perturbador. Terá sido, por conseguinte, um disparate cultivar nas mulheres quaisquer outros dotes que não os de uma odalisca ou os de uma criada de servir.

CAPÍTULO II

Será conveniente começar a análise detalhada desta matéria pelo âmbito específico a que o curso das nossas observações nos conduziu: as condições que a lei deste e de todos os outros países associam ao contrato de casamento. Sendo o casamento o destino que a sociedade aponta às mulheres, a perspectiva para que são criadas e o objectivo que se pretende seja perseguido por todas, à excepção das demasiado feias para serem escolhidas como companheiras de qualquer homem, seria de supor que tudo houvesse sido feito para tornar essa condição o mais apelativa possível para elas, de maneira a que não pudessem ter razões para se lamentarem de lhes haver sido negada qualquer outra opção. A sociedade, porém, preferiu neste caso, tal como originariamente em todos os outros, atingir o seu objectivo por meios iníquos, em vez de justos – sendo este, no entanto, o único em que os manteve substancialmente inalterados até hoje.

Em tempos idos, as mulheres eram tomadas à força ou, muitas das vezes, vendidas pelo pai ao marido. Até uma época tardia da história europeia o pai tinha o poder de dispor da filha e casá-la com quem muito bem entendesse, sem o mínimo respeito pela sua vontade. A Igreja, de facto, levava a sua fidelidade a uma moral superior ao ponto de exigir o "Sim" formal da mulher na cerimónia de casamento; mas não havia nada que demonstrasse que o consentimento se devera a outra coisa que não à coacção. E era praticamente impossível para uma rapariga recusar-se a obedecer se o pai persistisse em casá-la, excepto talvez quando conseguia obter a protecção da Igreja, por uma firme resolução de ingressar na vida religiosa. Depois do casamento, o homem tinha, antigamente (mas isso era antes do Cristianismo), poder de vida e de morte sobre a mulher. Ela não podia invocar nenhuma lei contra ele – o marido era o seu único tribunal e a sua única lei. Durante muito tempo, podia repudiá-la, mas ela não dispunha do poder inverso. Pelas antigas leis de Inglaterra, o marido era designado o *senhor* da mulher. Era literalmente considerado o seu soberano, de tal forma que o assassínio de um homem pela mulher era classificado como traição – traição *menor*, para se distinguir de *alta* traição – e ainda mais cruelmente vingado do que esta última, uma vez que a sua punição era a morte na fogueira.

Na medida em que estas várias barbaridades caíram em desuso (pois a maioria delas nunca foi formalmente abolida, ou só o foi muito depois de terem deixado de ser praticadas), os homens supõem que tudo se encontra agora como deve ser no que toca ao contrato de casamento. E ouvimos constantemente dizer que a civilização e o Cristianismo restituíram à mulher os seus justos direitos. Enquanto isso, a mulher é a verdadeira serva do marido – não menos, em termos de obrigação legal, do que os escravos propriamente ditos. Promete obedecer-lhe até à morte, no altar, e fica legalmente vinculada a essa promessa para toda a vida. Os casuístas podem dizer que o dever de obediência não abrange a participação em crimes, mas estende-se seguramente a tudo o resto. Uma mulher não pode fazer absolutamente nada sem a permissão, pelo menos tácita, do marido. Não pode adquirir nenhuma propriedade se não através dele – no momento em que se torna dela, mesmo através de herança, torna-se *ipso facto* dele. Neste ponto, aliás, a posição da mulher à luz das leis consuetudinárias inglesas é pior do que a dos escravos em muitos países: pela lei romana, por exemplo, um escravo podia ter um pecúlio que a lei lhe garantia, até certo ponto, para seu exclusivo uso. As classes mais elevadas deste país concederam uma vantagem análoga às suas mulheres através de contratos especiais feitos à margem da lei, condições de "dinheiro para alfinetes", etc. – pois, como o sentimento paternal dos pais se sobrepõe ao sentimento corporativo para com o seu próprio sexo, um pai tende naturalmente a gostar mais da filha do que do genro, que é um estranho para ele. Por meio de certos acordos, os ricos encontram geralmente maneira de retirar a totalidade, ou parte, da propriedade herdada pela mulher do controlo absoluto do marido. Mas não conseguem que seja ela própria a administrá-la – o máximo que podem fazer evita apenas que o marido a esbanje, deixando a legítima proprietária simultaneamente privada do seu usufruto. A propriedade em si fica, assim, fora do alcance de ambos. Quanto aos rendimentos que dela provenham, o tipo de acordo mais favorável para a mulher (o chamado "para seu uso separado") também só impede que o marido os receba em vez dela – o dinheiro tem de passar primeiro pelas mãos da mulher mas, se ele resolver arrancar-lho à força assim que ela o receber, não haverá maneira de o punir, nem de o obrigar a devolvê-lo. E é esta toda a protecção que, sob as leis deste país, o mais poderoso dos nobres pode conceder à sua própria filha em relação ao genro. Na imensa maioria dos casos, não há acordo nenhum, e a absorção de todos os direitos, de toda a propriedade, bem como de toda a liberdade de acção, é completa. O casal é designado como "uma pessoa jurídica", com o objectivo de inferir que tudo o que é dela é dele, mas já a inferência inversa, de que tudo o que é dele é dela, nunca é considerada. Esta máxima não é aplicada contra o homem, a não ser para o responsabilizar perante terceiros pelos actos da mulher, da mesma forma que um proprietário tem de responder pelos actos dos seus escravos ou do seu gado.

Não estou de modo algum a sugerir que as mulheres não sejam, de uma maneira geral, mais bem tratadas do que os escravos; mas nenhuma escravatura vai tão longe, e num sentido tão pleno da palavra, como a da mulher. Dificilmente um escravo, excepto aquele que esteja directamente ligado à pessoa do seu proprietário, é escravo em todas as horas e minutos do dia – à semelhança de um soldado, tem geralmente as suas tarefas fixas e, quando as conclui, ou quando se encontra de folga, dispõe, dentro de certos limites, do seu próprio tempo e tem uma vida familiar em que o dono raramente se intromete. O "Pai Tomás", quando estava na posse do seu primeiro amo, tinha uma vida privada na sua "cabana", quase da mesma forma que um homem cujo trabalho o afaste de casa consegue ter a sua própria família. Mas já o mesmo se não pode dizer da mulher. Antes de mais, uma escrava tem (nos países cristãos) um direito reconhecido e considera-se mesmo a obrigação moral de recusar ao seu senhor a última familiaridade. Ora, a mulher não. Por muito brutal que seja o tirano a que tem a infelicidade de estar acorrentada – mesmo que saiba que ele a odeia, que o seu prazer quotidiano é torturá-la, e não consiga sentir outra coisa se não repulsa por ele – ele pode sempre reclamar dela e impor-lhe a pior degradação a que um ser humano se pode ver submetido, que é servir de instrumento a uma função animal contrária às suas inclinações. E, enquanto ela permanece cativa da pior forma de escravatura quanto à sua própria pessoa, qual a sua posição relativamente aos filhos em que ela e o seu senhor têm um interesse comum? Eles são, por lei, os filhos *dele*. Só ele tem direitos legais sobre os filhos, e não há nada que uma mulher possa fazer pelos filhos, ou em relação aos filhos, que não seja por delegação do marido. Nem mesmo depois de ele morrer pode ser a sua tutora legal, a menos que ele assim a tenha nomeado em testamento. Ele podia inclusivamente mandá-los para longe dela e privá-la da possibilidade de os ver, ou de se corresponder com eles, até esse poder ter sido, até certo ponto, restringido pela lei Serjeant Talfourd. É pois esta a condição jurídica da mulher, a que ela não tem maneira de escapar. Se deixar o marido, não pode levar nada consigo, nem os filhos, nem coisa alguma que legitimamente lhe pertença. Se ele quiser, pode obrigá-la a voltar, pela força da lei ou da violência física; ou, então, pode contentar-se em se apropriar, para seu proveito pessoal, de tudo quanto ela consiga ganhar ou lhe seja dado por familiares. Só uma separação legalmente decretada por um tribunal autoriza a mulher a uma vida à parte, salvando-a do regresso forçado à custódia de um carcereiro enraivecido – ou lhe confere o poder de dispor do que consiga ganhar para seu próprio uso, sem ter de temer que um homem que ela talvez já não veja há uns vinte anos lhe caia subitamente em cima e lhe arranque tudo o que tem.

Até há pouco tempo, esta separação legal apenas era concedida pelos tribunais a um custo que a tornava inacessível aos que não pertencessem às classes mais elevadas. Mesmo agora, só é concedida em casos de abandono ou da mais extrema crueldade. E, não obstante isso, todos os dias ouvimos queixas de que é concedida com demasiada facilidade. Mas sem dúvida que, se uma mulher vê vedado qualquer outro destino na vida que não seja o de lacaia privada de um déspota, e tudo para ela está dependente da possibilidade de encontrar um que esteja disposto a tratá-la como uma favorita, em vez de uma simples serva, será um agravamento deveras cruel da sua sina que apenas lhe seja permitido tentar a sorte uma única vez. Já que toda a sua vida está condicionada pela natureza do amo que conseguir arranjar, a natural sequência e corolário deste estado de coisas seria dar-lhe a possibilidade de mudar uma e outra vez até acertar num bom. Não estou a dizer que ela devesse ter esse privilégio. Essa é já uma consideração totalmente diferente. O divórcio, no sentido em que envolve liberdade para casar de novo, não é questão que pretenda aqui discutir. Tudo o que agora digo é que, para aqueles a quem só a servidão é permitida, a livre escolha dos seus amos será o único, ainda que muito insuficiente, lenitivo. A sua recusa remata a assimilação da mulher ao escravo – e não ao escravo sob a forma mais branda de escravatura, uma vez que, em alguns dos códigos que regulavam esta prática, um escravo podia, em determinadas situações de maus tratos, obrigar legalmente o seu dono a vendê-lo. Em Inglaterra, porém, nenhum grau de violência que não seja acrescido de adultério libertará uma mulher do seu algoz.

Não é minha intenção exagerar, nem o caso carece de qualquer exagero. Descrevi o estatuto legal da mulher e não a forma como ela é efectivamente tratada. As leis da maioria dos países são consideravelmente piores do que as pessoas que as aplicam, e muitas delas apenas conseguem manter-se em vigor por só raras ou nenhumas vezes serem postas em prática. Se a vida conjugal fosse exactamente o que se poderia esperar que fosse, considerando apenas as leis, a sociedade seria um inferno sobre a Terra. Mas existem, felizmente, sentimentos e interesses que, em muitos homens, suprimem e, na maioria deles, amenizam consideravelmente os impulsos e propensões que conduzem à tirania. E, entre esses sentimentos, o laço que, em circunstâncias normais, liga o marido à mulher constitui, de longe, o melhor dos exemplos. O único outro laço que, de alguma forma, se aproxima deste, e que é o que o une aos filhos, tende geralmente, salvo em casos excepcionais, a fortalecer, e não a contrariar o primeiro. E porque isto é assim, porque os homens em geral não infligem, nem as mulheres consequentemente sofrem, todos os tormentos que poderiam ser infligidos e sofridos se o poder tirânico de que os homens se encontram legalmente investidos chegasse a ser plenamente exercido, os defensores da presente forma desta instituição pensam que toda a sua iniquidade se justifica, e que qualquer queixa a que dê azo será uma mera quezília contra o mal necessário que constitui o preço de todo o grande bem. Mas as mitigações da prática, que são compatíveis com a manutenção, em plena legalidade, deste ou de qualquer outro tipo de tirania, longe de constituírem uma apologia do despotismo, servem apenas para demonstrar com que poder a natureza humana reage contra as instituições mais vis, e com que vitalidade as sementes do bem – tal como as do mal – se difundem e propagam no carácter humano.

Não há nenhum argumento a favor do despotismo familiar que não se possa também aplicar ao despotismo político. Nem todos os reis absolutistas se sentam à janela a saborear os gemidos dos seus súbditos torturados, ou lhes arrancam os últimos farrapos do corpo e os atiram, a tiritar de frio, para o meio da estrada. O despotismo de Luís XVI não era o despotismo de Philippe le Bel, ou de Nadir Shah, ou de Calígula, mas foi suficientemente mau para justificar a Revolução Francesa e desculpar até os seus horrores. E, se invocarmos a forte ligação que existe entre marido e mulher, exactamente o mesmo se poderá dizer em relação à escravatura doméstica. Era bastante comum, tanto na Grécia como em Roma, os escravos preferirem deixar-

-se torturar até à morte a trair os seus senhores. Nas proscrições das guerras civis romanas, observava-se que as mulheres e os escravos se mostravam heroicamente fiéis, ao passo que os filhos eram muitas vezes traidores. E, no entanto, sabemos com que crueldade muitos romanos tratavam os seus escravos. A verdade, porém, é que estes intensos sentimentos individuais em nenhuma outra situação medram com tanta pujança como sob o domínio das instituições mais abomináveis. É uma das ironias da vida que os mais fortes sentimentos de dedicada gratidão de que a natureza humana parece capaz sejam suscitados nos seres humanos por aqueles que, tendo o poder de aniquilar por completo a sua existência terrena, se abstêm voluntariamente de o fazer. Seria cruel averiguar a preponderância que este sentimento não terá em muitos seres humanos, incluindo nas suas crenças religiosas. Temos diariamente ocasião de ver o quanto a sua gratidão para com o Céu parece estimulada pela contemplação daqueles seus semelhantes em relação aos quais Deus não se terá mostrado tão misericordioso.

Quer a instituição a defender seja a escravatura, o absolutismo político, ou o absolutismo de um chefe de família, espera-se sempre que a avaliemos pelos seus exemplos mais abonatórios. São-nos assim apresentados quadros de um afectuoso exercício da autoridade, por um lado, e de uma não menos afectuosa submissão, por outro – de uma sabedoria superior que tudo ordena para o maior bem dos dependentes, rodeada pelos seus sorrisos e bênçãos. Tudo isso teria muita pertinência se alguém alegasse que não há homens bons. Quem duvida que pode existir uma grande bondade, uma grande felicidade e uma grande afeição sob o governo absoluto de um homem bom? Acontece que as leis e as instituições precisam de ser adaptadas, não aos homens bons, mas aos homens maus. O casamento não é uma instituição concebida para uma elite. Os homens não são obrigados, como condição prévia à cerimónia de casamento, a provar por testemunhos que são suficientemente idóneos para que lhes seja confiado o exercício de um poder absoluto. O laço de afecto e obrigação para com a mulher e os filhos é muito forte naqueles cujos sentimentos de sociabilidade em geral sejam fortes, e até em muitos daqueles que se mostram pouco sensíveis a quaisquer outros laços sociais; mas podemos encontrar todos os graus de sensibilidade e insensibilidade em relação a ele, do mesmo modo que encontramos todos os graus de bondade e de maldade nos homens, até descer àqueles que nenhuns laços vinculam, e sobre quem a sociedade não exerce qualquer acção, a não ser, pela sua *ultima ratio*, as sanções previstas na lei. Em cada grau desta escala descendente existem homens investidos de todos os poderes legais de um marido. O mais vil dos malfeitores tem uma desgraçada amarrada a ele, contra a qual pode cometer qualquer atrocidade, excepto matá-

-la, e, se for razoavelmente cauteloso, até isso conseguirá fazer sem grande risco de ser punido por lei. E quantos milhares não haverá entre as classes mais baixas de todos os países que, sem serem malfeitores, em nenhum outro aspecto, no sentido jurídico do termo – pelo simples motivo de que, em qualquer outra situação, as suas agressões se confrontam com uma resistência – se entregam aos mais reiterados excessos de violência física contra a infeliz da mulher, que é a única, pelo menos entre as pessoas adultas, que não consegue opor-se nem escapar à sua brutalidade; e em relação à qual o excesso de dependência, em vez de inspirar nas suas naturezas perversas e selvagens uma indulgência generosa que os fizesse ter como ponto de honra comportarem-se bem para com aquela cuja sorte foi inteiramente confiada à sua bondade, lhes infunde antes a ideia de que a lei lhes entregou a mulher como coisa sua, para ser usada como muito bem lhes apetecer, e que ninguém espera que tenham por ela a mesma consideração com que são obrigados a tratar todas as outras pessoas. A lei, que até há pouco tempo deixava mesmo estes casos atrozes de violência doméstica praticamente impunes, fez nestes últimos tempos algumas débeis tentativas para os reprimir. Mas essas tentativas não tiveram grande efeito, nem é de esperar que venham a tê-lo, uma vez que é contrário tanto à razão como à experiência supor que um controlo efectivo da brutalidade possa alguma vez ser compatível com a permanência da vítima nas mãos do seu carrasco. Até que uma condenação por violência pessoal ou, quanto mais não seja, por reincidência após uma primeira condenação, confira à mulher *ipso facto* o direito ao divórcio ou, pelo menos, a uma separação judicial, a tentativa de reprimir estas "agressões agravadas" mediante penas judiciais estará condenada ao fracasso por falta de demandante ou de testemunha.

Quando consideramos como é vasto o número de homens, em qualquer grande país, que são pouco mais do que brutos, mas que tal nunca os impede de obter uma vítima através da lei matrimonial, a extensão e profundidade da miséria humana que apenas desta forma é gerada pelo abuso da instituição do casamento assumem proporções aterradoras. E, todavia, estes são apenas os casos extremos. Representam o fundo do poço, mas existe uma triste sucessão de níveis, cada vez mais baixos, até lá chegar. Na tirania doméstica, tal como na tirania política, a existência de monstros absolutos retrata a instituição sobretudo por demonstrar que não há praticamente horror nenhum que não possa ocorrer no seu seio, se o déspota assim o desejar, o que evidencia bem a terrível frequência com que coisas apenas um pouco menos atrozes seguramente acontecem. Os demónios absolutos são tão raros como os anjos, ou talvez mais raros ainda; os selvagens ferozes, com ocasionais laivos de humanidade, são no entanto muito frequentes. E, no vasto espaço que os separa de quaisquer representantes dignos da espécie humana, quantas não serão as formas e gradações de bestialidade e egoísmo, frequentemente ocultas sob um verniz exterior de civilização e até de cultura, que vivem em paz com a lei e mantêm uma aparência de respeitabilidade perante todos os que não estão sob o seu poder, mas que chegam muitas vezes para fazer da vida de quantos o estejam um verdadeiro fardo e tormento para os próprios!

Seria enfadonho repetir os lugares-comuns acerca da inaptidão dos homens em geral para o exercício do poder que, após séculos de discussões políticas, já toda a gente conhece de cor, não fora o facto de quase ninguém pensar em aplicar essas máximas ao caso em que, melhor do que nenhum outro, elas se aplicam, e que não é o do poder colocado nas mãos de um ou outro homem, mas sim o do poder oferecido a todos os homens adultos, incluindo os mais primários e ferozes. Não é pelo facto de um homem não ter publicamente violado nenhum dos Dez Mandamentos, ou de manter um carácter respeitável na sua convivência com aqueles que não pode compelir a ter relações com ele, ou de não explodir em violentos ataques de fúria contra os que não são obrigados a aturá-lo, que é possível adivinhar o tipo de comportamento que terá na intimidade livre constrangimentos do seu ambiente familiar. Mesmo os homens mais comuns reservam o lado violento, rabugento e ostensivamente egoísta do seu carácter para os que não estão em posição de os contrariar. A relação entre superiores e dependentes é o alfobre destes vícios de carácter que, quaisquer que sejam os outros domínios em que se manifestam, são um extravasamento dessa fonte. Um homem áspero ou violento para com os seus iguais é seguramente alguém que viveu entre subordinados que podia intimidar ou atormentar até à subjugação. Se, nas suas melhores formas, a família é, como frequentemente se diz, uma escola de simpatia, afecto e abnegação carinhosa, mais serão as vezes em que se revela, no que respeita ao seu chefe, uma escola de arrogância, prepotência, auto-complacência desmedida, e de um rematado egoísmo, de que o próprio sacrifício constitui apenas uma forma particular – quando o cuidar da mulher e dos filhos mais não é do que o zelo por elementos da propriedade e do interesse próprios do homem, sendo a sua felicidade individual sacrificada de todas as formas à mais pequena das preferências dele. O que é que se pode esperar de melhor na presente forma da instituição? Sabemos que as más tendências da natureza humana só se mantêm dentro de certos limites quando não lhes é dado espaço para se expandirem. Sabemos que, por uma questão de impulso e hábito, quando não por intenção deliberada, quase todos aqueles perante quem os outros se vergam tendem a ir abusando deles até estes chegarem a um ponto em que são obrigados a resistir-lhes. Sendo esta a tendência comum da natureza humana, o poder quase ilimitado que as presentes instituições sociais conferem ao homem sobre pelo menos uma pessoa – aquela com quem vive e que tem sempre ao seu alcance – esse poder, dizíamos, desperta e excita os germes de egoísmo latentes nos mais recônditos cantos da sua natureza (atiçando as suas mais leves faíscas e brasas incandescentes) e oferece-lhe carta branca para que dê livre curso àquelas facetas do seu carácter originário que, em todas as suas outras relações, ele terá considerado necessário reprimir e ocultar, acabando essa repressão por se converter, com o tempo, numa segunda natureza.

Sei que existe um outro lado da questão. Reconheço que a mulher, se não pode efectivamente resistir, pode ao menos retaliar: também ela pode tornar a vida do homem extremamente incómoda e, com esse poder, consegue frequentemente levar avante os seus fins em muitas questões em que deve, mas também em muitas em que não deveria, prevalecer. Mas este instrumento de auto-protecção – a que podemos chamar o poder da quezilenta ou a vingança da rezingona – tem o fatal defeito de se mostrar mais eficaz contra os superiores menos tirânicos, e em benefício dos subordinados menos meritórios. É a arma das mulheres irascíveis e teimosas, daquelas que fariam o pior uso do poder se acaso o tivessem, e que também não usam geralmente bem este instrumento. As mulheres afáveis não conseguem usá-lo, as magnânimas desdenham-no. E, por outro lado, os maridos em que ele surte maior efeito são os mais gentis e inofensivos – aqueles que, nem mesmo provocados, recorrem a qualquer exercício muito duro da autoridade. O poder da mulher para ser desagradável limita-se geralmente a instituir uma contra-tirania, e as suas principais vítimas são os maridos com menor propensão para ser tiranos.

O que será, então, que verdadeiramente atenua os efeitos corruptores do poder e o torna compatível com o coeficiente de bem que efectivamente vemos? As meras blandícias femininas, ainda que muito eficazes em casos particulares, não modificam substancialmente as tendências gerais desta situação, uma vez que o seu poder só dura enquanto a mulher é nova e atraente, frequentemente apenas enquanto o seu encanto é ainda novidade e não se encontra já empalidecido pela rotina. E há muitos homens em que não exerce grande influência em momento algum. As verdadeiras causas moderadoras são o afecto pessoal que vai crescendo com o tempo, na medida em que a natureza do homem for susceptível de o desenvolver e o carácter da mulher suficientemente compatível com o dele para o gerar; o interesse comum de ambos em relação aos filhos e a sua comunhão geral de interesses em relação a terceiros (sujeita, no entanto, a enormes limitações); a importância real da mulher para o conforto e prazeres quotidianos do marido, e o interesse que consequentemente ele lhe atribui por amor de si próprio, o que, num homem capaz de sentimentos pelos outros, será a base para gostar dela por si mesma; e, por último, a influência naturalmente exercida sobre quase todos os seres humanos por aqueles que lhes estão mais próximos (a menos que lhes sejam francamente desagradáveis) – pessoas que, tanto por súplicas directas como pelo imperceptível contágio dos seus sentimentos e disposições, são muitas vezes capazes, a menos que neutralizadas por qualquer outra influência pessoal igualmente forte, de obter um grau de controlo sobre o comportamento do superior inteiramente excessivo e irrazoável. Por estes diversos meios, a mulher chega frequentemente a exercer um poder exagerado sobre o marido: consegue afectar a sua conduta em aspectos em que poderá não estar apta a fazê-lo num bom sentido – ou seja, em que a sua influência poderá ser não apenas imprudente mas moralmente errada, e nos quais ele faria melhor em deixar-se guiar pelo seu próprio juízo. Mas nem nos assuntos de família, nem nos de Estado é o poder uma compensação para a perda de liberdade. O poder da mulher confere-lhe muitas vezes algo a que ela não tem direito, mas não lhe permite afirmar os seus próprios direitos. A escrava favorita de um sultão tem outros escravos abaixo dela que pode tiranizar; mas o desejável seria que não tivesse escravos, nem fosse, ela mesma, uma escrava. Ao deixar que a sua própria existência seja inteiramente absorvida pela do marido; ao não possuir (ou persuadi-lo de que não possui) outra vontade que não seja a dele em tudo o que se refira à sua vida em comum; e ao ter como principal objectivo na vida influir nos seus sentimentos, uma mulher pode compensar-se com o facto de influenciar e, muito provavelmente, perverter a conduta do marido nas suas relações sociais, que nunca esteve habilitada a julgar, ou relativamente às quais se encontra, ela própria, totalmente influenciada por qualquer parcialidade ou preconceito, pessoal ou alheio. Em consequência disso, no actual estado de coisas, aqueles que agem com maior gentileza para com as mulheres tendem a tornar-se correspondentemente melhores ou piores, por influência delas, no que respeita a todos os interesses que extravasem o âmbito familiar. Tendo sido ensinada a não interferir em matérias que transcendam essa esfera, a mulher raras vezes tem alguma opinião consciensiosa e honesta sobre elas – e daí que as suas razões para nelas se intrometer dificilmente sejam legítimas, mas antes, de maneira geral, interesseiras. Ela não sabe, nem quer saber, qual é o lado certo na política, mas sabe o que lhe trará dinheiro ou convites, um título para o marido, uma colocação para o filho ou um bom casamento para a filha.

Mas como, perguntar-se-á, pode uma sociedade existir sem governo? Numa família, tal como num Estado, tem de haver alguém a quem caiba a última palavra. A quem cumpre decidir quando um casal tem opiniões diferentes? Como não podem ambos levar a sua avante, é necessário tomar uma decisão num sentido ou noutro.

Ora, não é verdade que, em todas as associações voluntárias entre duas pessoas, uma delas tenha de ser senhora absoluta – e, menos ainda, que a lei deva determinar qual delas o será. A seguir ao casamento, o caso mais frequente de associação voluntária é a parceria em negócios; e aí ninguém considera desejável decretar que, em toda a parceria, um dos parceiros deve ter inteiro controlo sobre o negócio e o outro ser obrigado a obedecer às suas ordens. Ninguém entraria para uma parceria em termos que o sujeitassem às responsabilidades de um director, investido unicamente dos poderes e privilégios de um empregado. Se a lei tratasse os outros contratos como trata o casamento, ordenaria que um dos parceiros administrasse o negócio comum como se fosse sua empresa privada; que os outros tivessem apenas poderes delegados; e que o primeiro fosse nomeado chefe por um qualquer pressuposto legal genérico como, por exemplo, o facto de ser o mais velho. Ora a lei nunca faz isto; nem a experiência demonstra que deva necessariamente existir uma qualquer desigualdade teórica de poder entre os parceiros, ou que a parceria deva obedecer a quaisquer outras condições para além das que eles próprios possam estipular nas cláusulas do seu acordo. Parece-nos, no entanto, que a concessão de um poder exclusivo seria menos perigosa para os direitos e interesses do subordinado no caso da parceria do que no do casamento, uma vez que, no primeiro, ele é livre de cancelar esse poder, dissolvendo a ligação. A mulher não dispõe desse poder e, mesmo que dispusesse, seria quase sempre desejável que tentasse todas as medidas possíveis antes de recorrer a ele.

É verdade que as coisas que têm de ser decididas no dia-a-dia, e que não se podem ir ajustando gradualmente ou esperar por um compromisso, deveriam depender de uma só vontade, ou seja, estar sob o controlo de uma única pessoa. Mas isso não significa que devesse ser sempre a mesma pessoa. O arranjo natural é uma divisão de poderes entre os dois – em que cada um fique como senhor absoluto no ramo executivo do seu próprio domínio e qualquer mudança de sistema e princípio requeira o consentimento de ambos. Esta divisão não pode, nem deve, ser estabelecida por lei, uma vez que depende necessariamente das capacidades e conveniências de cada um. Se as pessoas quisessem, poderiam pré-estabelecê-la no contrato de casamento, à semelhança do que hoje frequentemente acontece nos acordos financeiros. Raras vezes haveria dificuldade em decidir essas questões por mútuo consentimento, a menos que o casamento fosse uma daquelas uniões infelizes em que todas as coisas, incluindo esta, se tornam objecto de discórdia e conflito. A divisão de direitos seguiria naturalmente a divisão de deveres e funções, que já estaria feita por consentimento ou, em todo o caso, não por lei, mas por um costume geral, modificado e modificável segundo o critério das pessoas em causa. A verdadeira decisão prática das questões, saber a quem deve caber a autoridade legal, dependeria em grande parte, como mesmo hoje em dia acontece, das competências relativas de cada um. O simples facto de ser geralmente o mais velho daria, na maioria dos casos, preponderância ao homem – pelo menos até ambos atingirem aquela fase na vida em que a sua diferença etária se tornasse irrelevante. Também é natural que a voz mais potente se fizesse ouvir no lado, fosse ele qual fosse, que assegurasse os meios de subsistência. A desigualdade a que este aspecto dá azo não depende da lei do casamento, mas das condições gerais da sociedade humana, tal como se encontra presentemente constituída. A influência da superioridade mental, tanto em geral como em particular, bem como de uma superior capacidade de decisão, teriam necessariamente um grande peso, como hoje invariavelmente acontece. E este facto demonstra como é infundado o receio de que os poderes e responsabilidades dos parceiros na vida (tal como os dos parceiros nos negócios) não pudessem ser satisfatoriamente partilhados mediante um acordo entre ambos. São-no sempre, excepto nos casos em que o casamento é um fracasso. As coisas nunca chegam a um ponto de poder total de um lado e obediência do outro, excepto quando a relação foi um erro completo, e seria, nesse caso, uma bênção para ambas as partes verem-se livres dela. Alguns podem dizer que o que torna possível um acerto amigável de diferenças é, na verdade, o poder de compulsão legal que se sabe estar de reserva, como quando as pessoas se submetem a uma arbitragem por saberem que há um tribunal acima delas a que podem ser forçadas a obedecer. Mas, para tornar os casos análogos, teríamos de supor que a regra do tribunal não era julgar a causa, mas sim decidir sempre a favor do mesmo lado, suponhamos que do arguido. Se assim fosse, a submissão a esse tipo de julgamento seria motivo para o queixoso concordar com quase toda e qualquer arbitragem, mas passar-se-ia justamente o inverso com o arguido. O poder despótico que a lei confere ao marido pode ser uma razão para a mulher aceitar qualquer compromisso mediante o qual o poder seja, na prática, dividido entre os dois, mas não pode ser a razão pela qual o marido o faz. O facto de existir sempre um compromisso prático entre indivíduos de comportamento digno, apesar de pelo menos um deles não se encontrar nem física nem moralmente coagido a fazê-lo, demonstra que os motivos naturais que conduzem a um ajustamento voluntário da vida em comum de duas pessoas, em termos aceitáveis para ambas, são, de um modo geral, exceptuando os casos infaustos, prevalecentes. A situação não melhora seguramente pelo facto de se estabelecer por decreto que a superestrutura do governo livre deve ser erguida sobre uma base legal de despotismo de um lado e de sujeição do outro, e que qualquer concessão que o déspota faça poderá ser revogada, sem aviso prévio, quando muito bem lhe aprouver. Para além de que a liberdade pouco vale quando suspensa por um fio tão frágil, as suas condições não serão decerto as mais equitativas quando a lei lança um peso tão prodigioso num dos pratos da balança, e o acordo é firmado entre duas pessoas em relação às quais se declara que uma tem direito a tudo e a outra, não só não tem direito a nada, excepto àquilo que a primeira se digne conceder-lhe, como se encontra ainda sob a mais estrita obrigação moral e religiosa de não se rebelar contra nenhum excesso de opressão.

Um adversário pertinaz, vendo-se sem argumentos, poderá dizer que os maridos estão efectivamente dispostos a ser razoáveis e a fazer concessões justas às suas companheiras, sem a isso serem obrigados, mas que as mulheres não estão: que, apanhando-se investidas de direitos próprios, não reconhecerão direitos a mais ninguém, e nunca cederão em nada se a simples autoridade dos homens não as obrigar a ceder em tudo. Teria sido isto o que muita gente diria há algumas gerações atrás, quando as sátiras sobre mulheres estavam em voga e os homens consideravam uma grande esperteza insultá-las por serem aquilo em que eles as haviam tornado. Mas isto já não será dito nos nossos dias por ninguém que mereça resposta. Já ninguém defende a tese de que as mulheres são menos capazes do que os homens de sentir afecto e consideração por aqueles a quem se encontram unidas pelos mais fortes laços. Pelo contrário, ouvimos constantemente dizer, àqueles que se opõem terminantemente a que sejam tratadas como se valessem o mesmo, que as mulheres são melhores do que os homens; de tal modo que esse dito se converteu já num enjoativo cliché, destinado a camuflar uma ofensa com uma máscara de lisonja, um pouco à semelhança daquelas celebrações de clemência real de que, segundo o relato de Gulliver, o rei de Lilipute sempre fazia anteceder os seus decretos mais sanguinários. Se as mulheres são melhores do que os homens nalguma coisa é seguramente no seu auto-sacrifício por aqueles que pertencem à sua própria família. Mas não ponho grande ênfase nesse aspecto, uma vez que elas são universalmente ensinadas a pensar que foram nadas e criadas para o auto-sacrifício. Estou convencido de que a igualdade de direitos destruiria essa exagerada auto-abnegação que constitui hoje o ideal artificial do carácter feminino, e que uma boa mulher não teria maior espírito de sacrifício do que o melhor dos homens. Mas, por outro lado, os homens seriam muito mais altruístas e abnegados do que presentemente são, pois já não seriam ensinados a idolatrar a sua própria vontade como algo de tão importante que representa verdadeiramente a lei para outro ser racional. Não há nada que os homens tão facilmente aprendam como esta auto-adoração. Todas as pessoas privilegiadas e todas as classes privilegiadas a conheceram. Mas, quanto mais descemos na escala do humano, mais intensa ela é – e, mais do que em todos, naqueles que não estão, nem podem ter expectativa de algum dia vir a estar, acima de quaisquer outros que não sejam a infeliz da mulher e os filhos. As honrosas excepções são proporcionalmente menores do que em qualquer outra fraqueza humana. A filosofia e a religião, em vez de tentarem debelar essa enfermidade, são geralmente levadas a defendê-la. E não existe nada que a controle, a não ser aquele sentimento prático da igualdade de todos os seres humanos que é a teoria do Cristianismo, mas que este nunca inculcará na prática enquanto sancionar instituições alicerçadas numa preferência arbitrária por um ser humano em detrimento de outro.

Existem evidentemente mulheres, tal como existem homens, a quem uma consideração igualitária nunca satisfaria, e com as quais é impossível ter paz enquanto não vêem impostos, em exclusivo, todos os seus desejos e vontades. Essas pessoas são um objecto adequado para a lei do divórcio. Foram feitas para viver sozinhas e nenhum ser humano deveria ser obrigado a associar a sua vida à delas. Mas a subordinação legal tende a fomentar, e não a refrear, este tipo de carácter entre as mulheres. Se o homem exercer todo o seu poder, a mulher fica, evidentemente, esmagada; mas, se a tratarem com indulgência e lhe permitirem assumir ela o poder, não há regra que ponha freio aos seus abusos. E isto porque a lei, ao não determinar os seus direitos, não lhe concedendo teoricamente nenhum, está a declarar, para efeitos práticos, que a medida daquilo a que ela tem direito será dada por aquilo que conseguir alcançar. A igualdade das pessoas casadas perante a lei não só é o único modo de harmonizar tal relação específica com justiça para os dois lados, conduzindo assim à felicidade de ambos, mas também o único meio de tornar a vida quotidiana da humanidade, num qualquer sentido elevado, uma escola de cultura moral. Ainda que esta verdade não tenha sido apreendida ou universalmente reconhecida durante várias gerações, a única escola do genuíno sentimento moral é a relação entre iguais. Até aqui, a educação moral da humanidade emanou sobretudo da lei da força e está quase unicamente adaptada às relações que ela gera. Nos estratos menos avançados da sociedade, as pessoas dificilmente admitem qualquer relação com os seus iguais. Ser um igual é ser um inimigo. A sociedade, desde a base até ao topo, é uma longa cadeia, ou melhor, uma longa escada em que cada indivíduo se encontra ou acima ou abaixo do seu vizinho mais próximo e, sempre que não pode mandar, é porque tem de obedecer. Por consequência, as morais vigentes estão fundamentalmente talhadas para uma relação de comando e obediência. Todavia, o comando e a obediência não passam de lamentáveis necessidades da vida humana: a associação entre iguais é que é o seu estado normal. Já hoje se pode ver, e ver-se-á cada vez mais, à medida que as coisas forem progredindo, que o comando e a obediência tendem a tornar-se a excepção, e a associação entre iguais a regra geral. A moralidade dos tempos antigos assentava no dever de submissão ao poder; a das épocas que se lhe seguiram, no direito dos fracos à benevolência e à protecção dos fortes. Durante quanto mais tempo irá uma forma de sociedade e de vida contentar-se com uma moral feita para outra? Tivemos a moral da submissão e a moral da cavalaria e da generosidade. É chegado o momento para a moral da justiça. Sempre que, em épocas recuadas, se ensaiou qualquer aproximação à sociedade igualitária, a justiça afirmou os seus direitos como alicerce da virtude. Foi assim nas repúblicas livres da Antiguidade. Mas, mesmo nas melhores de entre elas, a igualdade abrangia apenas os cidadãos masculinos livres: os escravos, as mulheres e os estrangeiros (que não tinham direito de voto) estavam sob a lei da força. A influência conjunta da civilização romana e do Cristianismo obliterou estas distinções e, em teoria – ainda que só parcialmente na prática –, declarou que os direitos do ser humano, enquanto tal, se sobrepunham aos do sexo, classe ou posição social. Depois, as barreiras que tinham começado a tombar foram de novo erguidas pelas conquistas do Norte. E, desde aí, toda a história moderna tem sido o lento processo pelo qual essas barreiras se têm vindo progressivamente a desmoronar. Estamos a entrar numa era em que a justiça será de novo a virtude primordial, alicerçada, como antes, numa associação igualitária, mas agora também empática, entre os indivíduos, que já não terá por raiz o instinto de auto-protecção entre iguais, mas uma simpatia cultivada entre eles – e que não excluirá ninguém, sendo, em idêntica medida, extensiva a todos.

Não é novidade que a humanidade não antevê distintamente as suas próprias transformações, e que os seus sentimentos estão adaptados ao passado e não aos tempos vindouros. Antever o futuro da espécie tem sido sempre privilégio da elite intelectual, ou daqueles que com ela aprenderam; e possuir já os sentimentos desse futuro tem sido a distinção, e geralmente o martírio, de uma elite ainda mais rara. As instituições, os livros, a educação, a sociedade, todos esses elementos continuam a formar os seres humanos para o antigo, já muito depois de o novo ter chegado – e muito mais ainda quando o novo está apenas a chegar. Mas a verdadeira virtude dos seres humanos é a sua capacidade para viverem juntos como iguais, sem reclamar nada para si próprios que não estejam identicamente dispostos a conceder a todos os outros; encarando qualquer espécie de domínio como uma necessidade excepcional e, em todos os casos, temporária; e preferindo, sempre que possível, que a liderança e a obediência possam ser objecto de alternância e de reciprocidade. Ora, quanto a estas virtudes, nada na vida social, tal como se encontra presentemente constituída, permite cultivá-las pelo exercício. A família é uma escola do despotismo, em que as virtudes do poder despótico, mas também os seus vícios, são sobejamente alimentados. A cidadania nos países livres constitui, até certo ponto, uma escola para a sociedade igualitária. Só que a cidadania preenche apenas um pequeno espaço na vida moderna e não chega a afectar os hábitos quotidianos ou os sentimentos mais íntimos. A família, rectamente constituída, poderia ser a verdadeira escola das virtudes da liberdade. É, com toda a certeza, uma escola suficiente para tudo o mais. Será sempre uma escola de obediência para as crianças e de autoridade para os pais. O que é necessário é que se torne uma escola de simpatia em igualdade, de uma vida em comum com amor, sem poder de um lado e obediência do outro. Era assim que deveria ser entre os pais. Seria então um exercício daquelas virtudes de que cada um precisa para aplicar a todas as outras relações e, para os filhos, um modelo dos sentimentos e conduta que a sua educação temporária por meio da obediência se destina a tornar-lhes habituais e, consequentemente, naturais. A formação moral da humanidade nunca estará adaptada às condições da vida para que todo o outro progresso humano constitui uma preparação enquanto não vigorar na família a mesma regra moral que se adapta à normal constituição da sociedade humana. Qualquer sentimento de liberdade que possa existir num homem cuja mais estreita e prezada intimidade seja com aqueles de quem é senhor absoluto não será o amor genuíno ou cristão à liberdade, mas sim o que o amor à liberdade geralmente representava na época antiga e medieval: um intenso sentimento da dignidade e importância da sua própria personalidade que o leva a rejeitar para si próprio um jugo que não lhe inspira, todavia, qualquer aversão em abstracto, uma vez que está mais do que pronto a impô-lo a outros para seu próprio benefício ou glorificação.

Estou pronto a admitir (e é justamente esse o fundamento das minhas esperanças) que, mesmo sob a presente lei, existem muitos casais (nas classes mais elevadas de Inglaterra, provavelmente uma grande maioria) que vivem dentro do espírito de uma justa lei igualitária. As leis nunca evoluiriam se não houvesse numerosas pessoas cujos sentimentos morais são melhores do que as leis existentes. Essas pessoas devem apoiar os princípios aqui defendidos, que têm por único objectivo fazer com que todos os outros casais se assemelhem ao que estes já actualmente são. Mas as pessoas, mesmo as de elevado nível moral, e a menos que sejam também pensadoras, têm grande tendência para acreditar que as leis ou práticas cujos malefícios nunca sentiram na pele, longe de serem prejudiciais, devem ser até (se aparentemente aprovadas por todos) provavelmente benéficas, sendo por isso um erro opormo-nos a elas. Mas o grande erro seria essas pessoas suporem, só porque nem uma vez por ano lhes acontece pensar nas condições legais do seu laço de união, e vivem e sentem-se, em todos os aspectos, como se fossem legalmente iguais, que o mesmo se passa com todos os outros casais em que o marido não seja um reconhecido facínora. Supor isso seria mostrar idêntica ignorância sobre a natureza humana e os factos. Quanto menos idóneo um homem for para possuir poder – ou seja, quanto menos probabilidades houver de que lhe seria permitido exercê-lo sobre qualquer pessoa com o consentimento voluntário dela – tanto mais ele se deleitará com a consciência do poder que a lei lhe confere, reclamará os seus direitos legais até ao ponto mais extremo que o costume (o costume de homens como ele) lhe consentir, e se comprazerá em usar esse poder pela mera satisfação de saborear a sua posse. Acresce a isto que, nos indivíduos mais naturalmente brutos e moralmente incultos das classes mais baixas, a escravatura legal da mulher e a sua mera sujeição física, como instrumento subordinado à vontade deles, fá-los sentir uma espécie de desrespeito e desprezo pela sua própria mulher que não sentem por nenhuma outra, nem por qualquer outro ser humano com quem entrem em contacto, convertendo-a, a seus olhos, num objecto apropriado para todo o tipo de indignidades. Que qualquer observador perspicaz das manifestações dos sentimentos, que tenha oportunidade de o fazer, julgue por si próprio se não é assim que as coisas se passam. E, se concluir que é, que não se admire, pois, com toda a repulsa e indignação, que nos possam inspirar instituições que conduzem naturalmente a este depravado estado da mente humana.

Dir-nos-ão, talvez, que a religião impõe o dever da obediência – pois todo o facto estabelecido que seja demasiado mau para admitir qualquer outra defesa é--nos sempre apresentado como um mandamento da religião. Mas, apesar de ser verdade que a Igreja o impõe nas suas determinações, dificilmente se poderia derivar tal mandamento do Cristianismo. Afirmam-nos que S. Paulo terá dito: "Mulheres, obedecei aos vossos maridos". Mas disse também: "Escravos, obedecei aos vossos senhores." O facto é que não era tarefa de S. Paulo, nem tão-pouco compatível com o seu objectivo, a propagação do Cristianismo, incitar quem quer que fosse à revolta contra as leis existentes. E daí que o facto de este apóstolo ter aceitado todas as instituições sociais tal como as encontrou não possa ser interpretado como uma condenação das tentativas de as melhorar na altura própria, do mesmo modo que a sua declaração "Os poderes que existem foram ordenados por Deus" não representa uma consagração do despotismo militar como a única forma cristã de governo político, nem tão-pouco uma exortação à obediência passiva perante ele. Pretender que o Cristianismo tinha por objectivo estereotipar as formas de governo e de sociedade existentes e protegê-las da mudança é reduzi-lo ao nível do Islamismo ou do Bramanismo. Foi precisamente por não o ter feito que o Cristianismo se tornou a religião da parte progressista da humanidade, ao passo que o Islamismo, o Bramanismo, etc., têm sido as das partes imobilistas – ou, melhor dizendo (porque não existe nenhuma sociedade verdadeiramente imobilista), das partes em declínio. Muitas foram as pessoas que, em todas as épocas do Cristianismo, tentaram transformá-lo em algo de semelhante: converter-nos numa espécie de muçulmanos cristãos, com a Bíblia por Alcorão, interditando qualquer progresso. E foi grande o seu poder, pois muitos tiveram de sacrificar a vida para lhes resistir. Mas lograram fazê-lo, e foi graças a essa resistência que nos tornámos no que actualmente somos, e nos vamos tornar ainda no que estamos destinados a ser.

Depois do que dissemos acerca do dever de obediência, é quase supérfluo acrescentar alguma coisa sobre a questão mais específica incluída no problema geral: o direito da mulher à sua própria propriedade. É escusado esperar que este tratado produza algum efeito sobre aqueles que ainda precisam de algo que os convença de que a herança ou rendimentos de uma mulher devem pertencer-lhe tanto antes como depois do casamento. A regra é simples: tudo o que pertenceria ao marido ou à mulher, caso não fossem casados, deveria manter-se sob seu exclusivo controlo durante o casamento – o que não os impediria de associar os seus bens mediante acordo, no sentido de os preservar para os filhos. A ideia de uma separação de interesses em assuntos financeiros choca a sensibilidade de algumas pessoas, que a consideram incompatível com o ideal de fusão de duas vidas numa só. Pela parte que me toca, sou um dos mais acérrimos defensores da comunhão de bens, desde que decorra de uma perfeita união de sentimentos dos seus detentores, que torne tudo comum entre ambos. Mas não tenho qualquer apreço por uma comunhão de bens baseada na doutrina de que o que é meu é teu, mas o que é teu não é meu; e preferiria recusar-me a entrar em tal acordo com alguém, mesmo sendo eu o beneficiado.

Esta particular forma de injustiça e opressão sobre as mulheres, que é, para as preocupações correntes, mais óbvia do que todo o resto, pode ser remediada independentemente de todas as outras iniquidades – e não há grandes dúvidas de que será uma das primeiras a sê-lo. Já hoje, em muitos dos novos e em alguns dos antigos estados da Confederação Americana, foram inseridas cláusulas, até mesmo nas Constituições escritas, que asseguram às mulheres uma igualdade de direitos neste domínio. Assim se melhora materialmente a situação matrimonial, pelo menos daquelas que possuem bens, deixando-lhes um instrumento de poder de que não abdicaram por escrito – ao mesmo tempo que se previne o escandaloso abuso da instituição matrimonial que é perpetrado quando um homem alicia uma rapariga a casar com ele sem um acordo, com o único fito de se apoderar do seu dinheiro.

Quando o sustento da família não depende da propriedade, mas de um salário, a combinação mais comum, segundo a qual o homem ganha o dinheiro e a mulher orienta a economia doméstica, parece-me, de um modo geral, a divisão de trabalho mais adequada entre duas pessoas. Se, a acrescer ao sofrimento físico de ter os filhos e a toda a responsabilidade pelo seu cuidado e educação nos primeiros anos, a mulher tem ainda a seu cargo a cuidadosa e económica aplicação do ordenado do marido ao conforto geral da família, está a assumir não apenas a sua justa parte mas, por norma, a maior parte do esforço físico e mental requerido pela vida em comum do casal. E, se acaso empreende mais algum trabalho suplementar, isso raras vezes a alivia das suas tarefas domésticas, impedindo-a somente de as desempenhar convenientemente. Os cuidados que se vê impossibilitada de dispensar aos filhos e à casa não são assumidos por mais ninguém. Os filhos que não morrem crescem ao Deus-dará, e o governo da casa tende a ser tão mau que, mesmo no que respeita à economia, acaba por descompensar, em larga medida, tudo o que ela possa ganhar. Estou, por conseguinte, convencido de que, numa situação realmente justa, não será um hábito desejável que a mulher contribua com o seu trabalho para os rendimentos da família. Em condições injustas, o facto de ela o fazer poderá ser-lhe útil, por a tornar mais valiosa aos olhos do homem a quem está legalmente subordinada. Mas, por outro lado, permite que este abuse ainda mais do seu poder, obrigando-a a trabalhar e deixando o sustento da família às costas dela, enquanto ele passará a maior parte do tempo a vadiar e a embebedar-se. O *poder* de ganhar dinheiro é essencial para a dignidade de uma mulher que não tenha propriedade independente. Todavia, se o casamento fosse um contrato igualitário que não implicasse a obrigação de obediência; se a ligação deixasse de ser imposta para opressão daquelas que apenas sofrem os seus malefícios, e uma separação, em termos justos (não estou agora a falar em divórcio) estivesse ao alcance de qualquer mulher moralmente autorizada a obtê-la; e se o acesso das mulheres a todas as profissões dignas fosse tão livre como para os homens, não seria então necessário, para sua protecção, que durante o casamento fizessem este uso específico das suas faculdades. À semelhança de um homem quando escolhe uma profissão, também quando uma mulher se casa se pode, de um modo geral, considerar que está a escolher a gestão de um lar e a criação de uma família como investimento primordial do seu esforço, durante tantos anos quantos sejam necessários para levar essa tarefa a bom porto; e que renuncia, por isso, não a todos os outros objectivos e ocupações, mas a quantos não sejam compatíveis com as exigências daquele. O exercício efectivo, de uma forma habitual ou sistemática, de actividades no exterior, ou que não possam ser desempenhadas no interior do lar, ficaria, por este princípio, praticamente interdito a um grande número de mulheres casadas. Mas deve existir um máximo de amplitude para a adaptação de regras gerais a conveniências particulares. E não deveria haver nada que impedisse uma mulher de faculdades excepcionalmente adequadas a qualquer outra actividade de obedecer à sua vocação, mesmo sendo casada – tomando as devidas providências para suprir, de uma outra forma, qualquer eventual falha que se pudesse tornar inevitável no pleno desempenho das suas habituais funções de dona de casa.

Estes aspectos, se alguma vez as opiniões estiverem correctamente orientadas sobre esta matéria, poderão, com perfeita segurança, ser deixados ao critério dos interessados, sem qualquer interferência da lei.

CAPÍTULO III

No que se refere ao outro ponto implícito na justa igualdade das mulheres, a sua admissão em todas as funções e ocupações até aqui monopolizadas pelo sexo mais forte, não antecipo nenhuma dificuldade em convencer qualquer pessoa que partilhe da minha opinião quanto à igualdade das mulheres na família. Estou persuadido de que a insistência na sua alegada incapacidade para outras tarefas visa unicamente mantê-las subordinadas à vida doméstica – porque a generalidade do sexo masculino não tolera ainda a ideia de viver com uma pessoa igual. Não fora isso, e creio que quase toda a gente, no presente estado da opinião em matéria de política e economia política, admitiria a injustiça de se excluir metade da raça humana da maior parte das actividades rentáveis e de quase todas as funções sociais elevadas – decretando, desde o momento em que nascem, que ou não têm, nem nunca poderão vir a ter, competência para empregos que se encontram legalmente abertos aos mais estúpidos e primários indivíduos do outro sexo, ou então que, por muitas aptidões que tenham, esses empregos lhes estarão para sempre interditos, porque exclusivamente reservados aos homens. Nos últimos dois séculos, quando (o que raramente acontecia) se considerava necessário invocar qualquer razão, para além da mera existência do facto, que justificasse a discriminação das mulheres, as pessoas raramente apontavam uma capacidade mental inferior – coisa em que, numa época em que as faculdades individuais (incluindo de algumas mulheres) eram verdadeiramente postas à prova nos desafios da vida pública, ninguém realmente acreditava. A razão apresentada nesses tempos não era a incompetência das mulheres, mas o interesse da sociedade, com o que se queria dizer o interesse dos homens – da mesma forma que a *raison d'État*, que significava a conveniência do governo e a defesa da autoridade existente, era considerada uma explicação e justificação suficiente para os mais infames crimes.

Nos nossos dias, o poder usa uma linguagem mais suave e, sempre que oprime alguém, finge fazê-lo para seu próprio bem. Assim, quando se proíbe alguma coisa às mulheres, considera-se necessário dizer, e desejável acreditar, que elas não só são incapazes de fazê-la, como se estão a desviar do verdadeiro caminho do seu sucesso e felicidade quando aspiram a ela. Mas, para tornar esta razão plausível (e não estou a dizer válida), aqueles que nela insistem têm de estar preparados para a levar muito mais longe do que alguém se atreve a fazer, face à experiência presente. Não basta afirmar que as mulheres são, em média, menos dotadas do que a generalidade dos homens de certas faculdades mentais superiores, ou que há menos mulheres do que homens com competência para actividades e funções do mais alto nível intelectual. Será necessário defender que mulher nenhuma está apta a desempenhá-las, e que mesmo as mulheres mais eminentes têm menor capacidade mental do que os mais medíocres dos homens a quem essas funções são presentemente confiadas. Pois a verdade é que, se o desempenho da função fosse decidido por concurso, ou por qualquer processo de selecção que assegurasse o interesse público, ninguém teria de se preocupar com a eventualidade de alguns cargos importantes caírem nas mãos de mulheres inferiores à média dos homens, ou à média dos seus concorrentes masculinos. O único resultado seria haver menos mulheres do que homens nesses empregos – um resultado mais do que provável, em todo o caso, quanto mais não seja pela preferência que a maioria das mulheres sempre tenderá a manifestar pela única vocação em que ninguém pode competir com elas. Ora, nem mesmo o mais convicto detractor do sexo feminino se atreverá a negar que, quando adicionamos a experiência de tempos recentes à experiência de épocas passadas, as mulheres, e não apenas algumas, mas muitas, se mostraram capazes de fazer tudo – talvez sem uma única excepção – o que os homens fazem, e de fazê-lo com mérito e eficácia. O máximo que se pode dizer é que há muitas coisas que nenhuma delas conseguiu fazer tão bem como alguns homens – muitas coisas em que não atingiram o mais alto nível. Mas são em número extremamente reduzido, e dependentes apenas de faculdades mentais em que não alcançaram o patamar que precede a excelência. Não será isto suficiente, e muito mais do que suficiente, para que seja uma tirania para elas e um prejuízo para a própria sociedade impedi-las de competir com os homens pelo exercício dessas funções? Não será um mero truísmo dizer que essas funções são frequentemente exercidas por homens com muito menos competência para as desempenhar do que um largo número de mulheres, homens que seriam batidos por elas em qualquer competição justa? Que diferença faz que possam existir homens algures, inteiramente ocupados noutras actividades, que poderiam estar ainda mais habilitados do que estas mulheres para os lugares em questão? Não é o que acontece em todas as competições? Haverá assim tanta abundância de homens qualificados para altos cargos que a sociedade se possa dar ao luxo de rejeitar o serviço de qualquer pessoas competente? Estaremos assim tão seguros de encontrar sempre um homem à medida dos nossos desejos para preencher uma vaga em qualquer cargo ou função socialmente importante, que não percamos nada em excluir metade da humanidade, recusando de antemão o contributo das suas faculdades, por muito notáveis que sejam? E, mesmo que pudéssemos passar sem as mulheres, seria justo recusar-lhes a sua devida parcela de honra e distinção, ou negar-lhes o idêntico direito moral de todos os seres humanos a escolher a sua actividade (salvo se em prejuízo dos outros) de acordo com as suas próprias preferências e por sua própria conta e risco? E esta injustiça nem sequer está confinada às mulheres – atinge também aqueles que estariam em posição de beneficiar dos seus serviços. Decretar que uma determinada categoria de pessoas não podem ser médicas, advogadas, ou membros do Parlamento é não apenas lesá-las a elas mas também a todos os que recorrem ao serviço de médicos ou advogados, ou que elegem membros do Parlamento, uma vez que os priva do efeito estimulante que uma maior competição exerceria sobre o brio dos competidores, e os deixa reduzidos a uma estreita margem de escolha individual.

Será talvez suficiente que me atenha, nos pormenores da minha argumentação, a funções de natureza pública, uma vez que, se for bem sucedido em relação a essas, é provável que facilmente se reconheça que as mulheres deveriam poder candidatar-se a todas as funções em que seja de algum modo relevante serem ou não admitidas. E, neste ponto, deixem-me começar por salientar uma função, substancialmente distinta de todas as outras, em relação à qual o seu direito a exercê-la é inteiramente independente de qualquer questão que se possa levantar a respeito das suas faculdades. Refiro-me ao sufrágio, tanto parlamentar como autárquico.

O direito a participar na eleição daqueles que vão exercer um cargo público é totalmente distinto do de competir pelo cargo em si. Se ninguém pudesse votar por um membro do Parlamento que não estivesse apto a candidatar-se, o governo seria, de facto, uma oligarquia reduzida. Ter voz na eleição daqueles por quem vamos ser governados é uma forma de auto-protecção a que qualquer pessoa tem direito, mesmo que ela própria esteja definitivamente excluída das funções governativas. E que as mulheres são consideradas aptas a fazer tal escolha pode ser inferido do facto de a lei lhes conferir já esse poder no que constitui para elas o mais importante dos casos: a escolha do homem que as irá governar até ao fim dos seus dias, e que se presume ser sempre voluntariamente feita pelas próprias. No caso da eleição para cargos públicos, cabe à lei constitucional rodear o direito de voto de todas as necessárias garantias e limitações. Ora, sejam quais forem as garantias que são consideradas suficientes no caso dos homens, não há razão para exigir outras no das mulheres. Quaisquer que sejam as condições e limites da admissão dos homens no sufrágio, não existe a mínima justificação para as mulheres não serem admitidas sob as mesmas condições. As opiniões políticas da maioria das mulheres de qualquer classe não diferem, por norma, das da maioria dos homens da mesma classe, a menos que se trate de uma questão em que os interesses das mulheres, enquanto tais, estejam de alguma forma envolvidos. E, se for esse o caso, as mulheres precisam do sufrágio como garantia de que serão justa e igualmente consideradas. Este ponto deveria ser óbvio, mesmo para aqueles que não estejam de acordo com nenhuma das outras doutrinas que aqui defendo. Mesmo que todas as mulheres fossem casadas, e cada esposa tivesse de ser uma escrava, só haveria razões acrescidas para a sua protecção legal – pois bem sabemos de que protecção legal gozam os escravos quando as leis são feitas pelos seus senhores.

No que respeita à aptidão das mulheres, não apenas para participar em eleições, mas para ocuparem elas mesmas cargos, ou praticarem profissões que envolvam importantes responsabilidades públicas, já fiz notar que essa consideração não é essencial para a questão prática em causa, na medida em que qualquer mulher que seja bem sucedida numa profissão livre demonstra, por esse mesmo facto, que tem competência para a exercer. E, no que toca aos cargos públicos, se o sistema político do país for de molde a excluir homens incompetentes, excluirá igualmente as mulheres que o sejam; e se o não for, tanto fará que os incompetentes admitidos sejam homens como mulheres. Desde que se reconheça, por conseguinte, que, por poucas que sejam, há mulheres aptas a assumir essas funções, as leis que lhes barram a entrada não podem ser justificadas por qualquer opinião que se possa manter a respeito das capacidades das mulheres em geral. E, ainda que esta última consideração não seja essencial, está longe de ser irrelevante. Uma visão despreconceituosa neste ponto confere uma força adicional aos argumentos contra a discriminação das mulheres, reforçando-os com importantes considerações de utilidade prática.

Vamos agora abstrair por completo de todas as considerações psicológicas tendentes a demonstrar que quaisquer diferenças mentais supostamente existentes entre homens e mulheres serão apenas o resultado natural da disparidade na sua educação e outras circunstâncias, e não indício de qualquer radical diferença ou, muito menos, radical inferioridade de natureza. Vamos unicamente considerar as mulheres como elas são, ou como se demonstra terem sido, e as capacidades que já demonstraram na prática. Aquilo que já fizeram, pelo menos isso, quanto mais não seja, está provado que podem fazer. E, se considerarmos quão persistentemente toda a sua formação as desvia de – ao invés de as orientar para – qualquer uma das actividades ou objectivos reservados para os homens, é evidente que já estou a desequilibrar a balança em seu desfavor quando apoio a sua defesa naquilo que efectivamente realizaram. Este é um caso em que as provas negativas pouco valem, ao passo que qualquer prova positiva é concludente. Não se pode, na verdade, inferir que é impossível para uma mulher ser um Homero, um Aristóteles, um Miguel Ângelo, ou um Beethoven, só porque nenhuma delas produziu ainda qualquer obra comparável às deles em alguma dessas áreas de excelência. Este facto negativo deixará, quando muito, a questão envolta em dúvida e aberta à discussão psicológica. Mas do que não há dúvida nenhuma é que uma mulher pode ser uma Rainha Isabel, uma Débora, ou uma Joana d'Arc, pois aí não se trata de inferência, mas de facto. Ora, não deixa de ser curioso que as únicas coisas de que a presente lei exclui as mulheres são justamente aquelas que elas provaram ser capazes de fazer. Não existe nenhuma lei que impedisse uma mulher de ter escrito todas as peças de Shakespeare, ou composto as óperas de Mozart. Mas, se não tivessem herdado o trono, a Rainha Isabel ou a Rainha Vitória não poderiam nunca ter sido investidas da mínima responsabilidade política, matéria em que esta última se mostrou à altura dos maiores.

Se fosse possível inferir algo de conclusivo da experiência, sem análise psicológica, seria que as coisas que as mulheres não estão autorizadas a fazer são precisamente aquelas para que se encontram particularmente qualificadas, uma vez que a sua vocação para o governo arrepiou caminho e se tornou notória nas escassíssimas oportunidades que lhes foram dadas – ao passo que, nas áreas de excelência que lhes têm estado aparentemente abertas, não encontraram meio de fazer nada particularmente notável. Sabemos pela História como é reduzido o número de rainhas que efectivamente reinaram, quando comparado com o dos reis. Mas, desse pequeno número, uma proporção largamente superior demonstrou talento para a governação, apesar de muitas delas terem ocupado o trono em períodos difíceis. É igualmente de assinalar que, num grande número de casos, se hajam distinguido por méritos o mais contrários possível ao que se imagina e convenciona ser o carácter das mulheres: estas rainhas distinguiram-se tanto pela firmeza e vigor do seu governo como pela sua inteligência. E, se a rainhas e imperatrizes adicionarmos regentes e vice-rainhas de províncias, a lista de mulheres que se tornaram governantes eminentes da humanidade aumenta consideravelmente.[1] O facto é tão incontestável que alguém, em

---

[1] Esta observação é particularmente verdadeira se, além da Europa, considerarmos também a Ásia. Se um principado hindu for enérgica, atenta e economicamente governado; se a ordem for mantida sem opressão; se a educação se estiver a expandir e o povo a prosperar, em três quartos dos casos, esse principado encontra-se sob o governo de uma mulher. Extraí esta conclusão, para mim totalmente inesperada, de um longo conhecimento oficial de governos hindus. Existem muitos exemplos semelhantes pois, apesar de, pelas leis hindus, uma mulher não poder reinar, é ela a regente legal do reino durante a menoridade do seu herdeiro. E, tendo em conta que as vidas dos governantes masculinos são tantas vezes prematuramente interrompidas em consequência da sua inactividade e excessos sensuais, os casos de menoridade são frequentes. Quando pensamos, então, que estas princesas nunca foram vistas em público, nem conversaram nunca com um homem estranho à sua própria família, a não ser por detrás de uma cortina;

tempos idos, tentou distorcer o argumento e transformar esta verdade reconhecida num insulto adicional, dizendo que as rainhas são melhores do que os reis porque, sob os reis, governam as mulheres, mas, sob as rainhas, os homens.

Pode parecer um desperdício de raciocínio argumentar contra uma piada de mau gosto, mas este género de coisas acaba por afectar a mentalidade das pessoas. Já ouvi homens citar este gracejo com o ar de quem acha que tem algum fundo de verdade. E, em todo o caso, é um ponto de partida tão bom quanto qualquer outro para a nossa discussão. Afirmo, pois, que não é verdade que, sob os reis, governem as mulheres. Tais casos são perfeitamente excepcionais. E a má governação de reis fracos foi tantas vezes influenciada por favoritas, mulheres, como por favoritos, homens. Quando um rei é governado por uma mulher unicamente em virtude das suas predilecções amorosas, não é de crer que a governação seja boa, embora mesmo aí haja excepções. Mas a história de França conta com dois reis que cederam voluntariamente a chefia do reino, durante muitos anos, um à mãe, outro à irmã.

e que não sabem ler e, mesmo que soubessem, não existe nenhum livro nas suas línguas que lhes pudesse dar a mais pequena orientação em assuntos de natureza política, temos de reconhecer que o exemplo que nos oferecem da natural capacidade das mulheres para a governação é deveras impressionante.

Um deles, Carlos VIII, era um simples rapaz mas, ao proceder assim, cumpriu a vontade de seu pai, Luís XI, o monarca mais competente da sua época. O outro, S. Luís, foi o melhor e um dos mais enérgicos governantes desde o tempo de Carlos Magno. Ambas estas princesas governaram de uma forma dificilmente igualada por qualquer príncipe seu contemporâneo. O imperador Carlos V, o príncipe mais político do seu tempo, que contou com uma das maiores percentagens de homens capazes ao seu serviço que qualquer governante jamais teve, e foi um dos soberanos menos susceptíveis de sacrificar o seu interesse a sentimentos pessoais, confiou sucessivamente o governo dos Países Baixos a duas princesas da sua família, mantendo uma ou outra nesse cargo durante toda a sua vida (e foram posteriormente sucedidas por uma terceira). Ambas governaram com grande sucesso e uma delas, Margarida da Áustria, figura entre os políticos mais exímios do seu tempo. E é quanto basta para um dos lados da questão. Viremo-nos agora para o outro.

Quando se diz que, sob as rainhas, governam os homens, será que devemos entendê-lo no mesmo sentido de quando se diz que os reis são governados por mulheres? Significará isto que as rainhas escolhem como instrumentos de governação os parceiros dos seus prazeres pessoais? A situação é rara, mesmo no caso daquelas que eram tão desprovidas de escrúpulos nesta matéria como Catarina II. E também não é nesses casos que conseguimos descobrir a boa governação alegadamente decorrente da influência masculina. Se for então verdade que, sob o domínio de uma rainha, a administração do reino se encontra em melhores mãos do que sob um rei mediano, deve ser porque as rainhas têm uma superior capacidade para escolher os seus acólitos – o que significa que as mulheres devem estar mais habilitadas do que os homens tanto para a soberania como para a chefia dos ministros, uma vez que a principal tarefa de um Primeiro-Ministro não é governar sozinho, mas encontrar as pessoas mais aptas a dirigir cada departamento dos assuntos de Estado. A capacidade de avaliar mais rapidamente um carácter, que é um dos pontos geralmente reconhecidos de superioridade das mulheres em relação aos homens, aliada a uma paridade de habilitações em outros aspectos, deve seguramente torná-las mais aptas do que eles para essa escolha de instrumentos, que é quase a mais importante tarefa de todo aquele que seja de alguma forma responsável pela condução da humanidade. Mesmo uma rainha tão desprovida de escrúpulos como Catherine de Medici sabia apreciar o valor de um Chancellor de l'Hôpital. Mas também é verdade que muitas grandes rainhas deveram a sua grandeza ao seu próprio talento para a governação, e foram bem coadjuvadas justamente por esse motivo. Mantiveram o supremo controlo dos assuntos nas suas próprias mãos e, se deram ouvidos a bons conselheiros, ofereceram, com esse facto, a maior prova de que o seu discernimento as tornava aptas a lidar com as grandes questões da governação.

Terá alguma lógica pensar que pessoas que estão à altura das mais elevadas funções políticas são incapazes de se qualificar para o resto? Existirá alguma razão na natureza das coisas para que as mulheres e irmãs de príncipes se mostrem, sempre que para tal são chamadas, tão competentes como os próprios príncipes no *seu* trabalho, mas que as mulheres e irmãs de homens de Estado, administradores, directores de empresas e gestores de instituições públicas sejam, em contrapartida, incapazes de fazer o que é feito pelos seus irmãos e maridos? A verdadeira razão é suficientemente óbvia: é que as princesas, encontrando-se mais acima da generalidade dos homens pela sua condição social do que abaixo deles pelo seu sexo, não foram nunca ensinadas a pensar que era impróprio para elas preocuparem-se com política; foi-lhes, pelo contrário, permitido o livre interesse que qualquer ser humano culto naturalmente sente pelas grandes transacções que têm lugar à sua volta, e nas quais podiam ser chamadas a tomar parte. As senhoras das famílias reinantes são as únicas mulheres a quem é permitido ter o mesmo âmbito de interesses e a mesma liberdade de desenvolvimento que os homens. E é precisamente no seu caso que não se considera existir qualquer inferioridade. Foi justamente quando, e na exacta medida em que as suas capacidades para a governação foram postas à prova, que a competência das mulheres foi adequadamente reconhecida.

Este facto está de acordo com as melhores conclusões gerais que a imperfeita experiência do mundo nos parece para já sugerir no que respeita às peculiares tendências e aptidões características das mulheres, tal como elas até aqui têm sido. E não digo, "como irão continuar a ser", pois, como já tive ocasião de repetir, considero uma presunção que alguém se pretenda capaz de determinar o que as mulheres são ou deixam de ser, ou podem ou não tornar-se, devido à sua constituição natural. No que toca a um desenvolvimento espontâneo, elas têm sido sempre, até hoje, mantidas num estado tão artificial que a sua natureza não pode ter deixado de ficar seriamente distorcida e encoberta. E daí que ninguém possa seguramente afirmar que, se a natureza das mulheres se tivesse podido expandir com a mesma liberdade que a dos homens, não tendo sido objecto de nenhuma tentativa de enviesamento artificial, para além do exigido pelas condições da sociedade humana – e que seria, nesse caso, idêntico para ambos os sexos – existisse alguma diferença substancial, ou alguma diferença sequer, no carácter e capacidades que então se revelariam. Vou, dentro em pouco, demonstrar como até as mais incontestáveis diferenças que presentemente existem podem muito bem ser mero fruto das circunstâncias, e não de qualquer diferença de capacidade natural. Mas, olhando para as mulheres tal como as conhecemos pela experiência, podemos dizer, com maior verdade do que na maioria das outras generalizações sobre esta matéria, que a inclinação geral dos seus talentos é para a prática. Esta conclusão está de acordo com toda a história pública das mulheres, tanto presente como passada, e é igualmente confirmada pela experiência comum e quotidiana.

Consideremos, então, a especial natureza das capacidades mentais mais características de uma mulher de talento. São todas de um género que a dispõe para a prática e a leva a orientar-se para ela. O que é que significa a capacidade de percepção intuitiva das mulheres? Significa uma compreensão rápida e correcta dos factos presentes. Não tem nada a ver com princípios gerais. Nunca ninguém percebeu uma lei científica da natureza por intuição, ou chegou a uma qualquer regra geral de dever ou de prudência através dela. Essas conclusões são fruto de uma lenta e cuidadosa acumulação e comparação de experiências, e nem os homens nem as mulheres intuitivos costumam brilhar nessa área, a menos que a experiência necessária seja, na verdade, de um género que a possam adquirir por si próprios – pois que aquilo a que se chama a sua sagacidade intuitiva os torna particularmente aptos a apreender verdades gerais susceptíveis de serem captadas pelos seus meios pessoais de observação. Quando, de uma maneira sistemática, as mulheres têm a sorte (e uso deliberadamente a palavra "sorte" pois, no que respeita ao conhecimento tendente a prepará-las para as maiores preocupações da vida, as únicas mulheres educadas são as autodidactas) de estar tão bem munidas como os homens, pela educação e pela leitura, dos resultados da experiência de outras pessoas, ficam mais bem apetrechadas do que a generalidade deles com os requisitos essenciais para uma prática hábil e bem sucedida. Os homens que estudaram muito tendem a ter uma percepção deficiente das situações com que se confrontam: face aos factos com que têm de lidar, não vêem o que verdadeiramente ali está, mas sim o que lhes ensinaram a esperar deles. Ora isto raramente acontece com qualquer mulher minimamente inteligente. A sua capacidade de "intuição" defende-a disso. Se estiver equiparada em experiência e faculdades gerais uma mulher consegue habitualmente discernir muito melhor do que um homem aquilo que tem perante si. Ora, esta sensibilidade para o presente é a principal qualidade de que depende a aptidão para a prática, contraposta à teoria. Descobrir princípios gerais é tarefa da faculdade especulativa. Discernir e discriminar os casos particulares em que os princípios gerais são ou não aplicáveis é um talento prático – um talento de que as mulheres, tal como hoje as conhecemos, são especialmente dotadas. Reconheço que não pode existir uma boa prática sem princípios, e que o papel preponderante que a rapidez de observação desempenha entre as faculdades de uma mulher a torna particularmente propensa a fazer generalizações precipitadas a partir das suas próprias observações – ainda que, ao mesmo tempo, não menos pronta a rectificá-las, caso o seu campo de observação se torne mais amplo. Mas a correcção deste defeito é o acesso à experiência da espécie humana – a cultura geral, justamente aquilo que a educação pode, por excelência, proporcionar. Os erros de uma mulher são exactamente os mesmos de um homem inteligente e autodidacta, que vê muitas vezes o que outros homens com uma formação regular não conseguem, mas incorre em erros por desconhecer coisas já há muito sabidas. É evidente que adquiriu muito do conhecimento pré-existente, ou não teria nunca feito quaisquer progressos; mas aquilo que aprendeu foi captado em fragmentos, mais ou menos ao acaso, como acontece com as mulheres.

Mas se esta gravitação da mente das mulheres em torno do presente, do real, dos factos concretos é, no seu exclusivismo, uma fonte de erros, não deixa de se revelar também um poderoso antídoto contra o erro inverso. A principal e mais característica aberração das mentes especulativas enquanto tais consiste precisamente na deficiência desta percepção viva, deste sentido permanente do facto objectivo. Por carecerem dele, não só não vêem, muitas vezes, a contradição entre os factos exteriores e as suas teorias, como perdem de vista a legítima finalidade de toda a especulação, deixando as suas faculdades especulativas divagar por regiões povoadas, não por seres reais, animados ou inanimados, ou até mesmo idealizados, mas por sombras personificadas, criadas pelas ilusões da metafísica ou por um simples emaranhado de palavras, convencidos de que são elas os objectos próprios da mais elevada e transcendente filosofia. E daí que dificilmente possa haver algo de mais valioso para um homem de teoria e especulação que ocupe o seu tempo, não a coligir dados do conhecimento pela observação, mas a transformá-los, mediante operações mentais, em verdades gerais da ciência e em leis do comportamento, do que desenvolver as suas especulações na companhia, e sob a crítica, de uma mulher verdadeiramente inteligente. Nada melhor do que isso para manter o seu pensamento dentro dos limites das coisas reais e dos factos concretos da natureza. Uma mulher raramente se deixa alienar por uma abstracção. A orientação habitual da sua mente para lidar com as coisas individualmente e não em conjunto, e (o que está estreitamente relacionado com isto) o seu interesse mais vivo pelos sentimentos concretos das pessoas – que, em algo que exija ser posto em prática, a leva a considerar, antes de mais, de que forma serão os outros afectados por isso –, estes dois aspectos conjugados tornam-na muito pouco propensa a confiar em qualquer especulação que perca de vista os indivíduos e lide com as coisas como se estas existissem em benefício de alguma entidade imaginária, de uma simples criação da mente, não convertível nos sentimentos reais de seres vivos. O pensamento das mulheres é, por conseguinte, tão útil para conferir realidade ao dos homens especulativos quanto o destes para dar amplitude e horizonte ao pensamento das mulheres. Já no que toca à profundidade, como distinta de amplitude, duvido muito que as mulheres, mesmo actualmente, se encontrem em qualquer desvantagem em relação aos homens.

Se as presentes características mentais das mulheres já são tão valiosas como suporte da especulação, mais importantes se revelam ainda quando a especulação fez o seu trabalho e se trata de aplicar os seus resultados na prática. Pelas razões já expostas, as mulheres estão comparativamente menos propensas a incorrer no erro comum dos homens, que é o de se manterem aferrados às suas regras em casos cujas especificidades os subtraem à categoria em que estas são aplicáveis, ou que então requerem uma adaptação especial dessas regras. Consideremos agora outro dos reconhecidos pontos de superioridade das mulheres inteligentes, que é a maior rapidez de compreensão. Não será essa, por excelência, uma qualificação para a prática? Na acção, tudo se encontra permanentemente dependente da capacidade de decidir com prontidão. Na especulação, nada. Um simples pensador pode esperar, alongar-se nas suas reflexões, coligir provas adicionais; não é obrigado a concluir a sua filosofia de imediato, com receio de que a oportunidade lhe escape. Não que o poder de extrair a melhor conclusão possível de dados insuficientes seja inútil em Filosofia: a construção de uma hipótese provisória compatível com todos os factos conhecidos é muitas vezes a base necessária para novas investigações. Só que essa faculdade constitui sobretudo um instrumento útil e não a principal qualificação para a actividade filosófica. Mas, seja na operação auxiliar, seja na fundamental, o filósofo pode dar-se ao luxo de levar o tempo que quiser. Não precisa da capacidade de executar rapidamente o que faz, mas sim de paciência para ir lentamente laborando, até que luzes vacilantes se tornem resplandecentes e uma conjectura amadurecida se transforme num teorema. Para aqueles que, pelo contrário, têm de lidar com o efémero e o perecível – com factos singulares, e não com categorias de factos – a rapidez de raciocínio é uma qualidade quase tão importante quanto a própria capacidade de raciocinar. Quem não tem as suas faculdades sob controlo imediato, nas contingências da acção, é como se nem as possuísse. Pode ser bom a criticar, mas não a agir. Ora, é neste ponto que as mulheres, e os homens que mais se parecem com elas, se revelam nitidamente superiores. O outro tipo de homem, por muito notáveis que sejam as suas faculdades, leva muito tempo a controlá-las por completo: rapidez de discernimento e acção célere e judiciosa, mesmo nas coisas que melhor conhece, são o resultado gradual e tardio de um estrénuo esforço convertido em hábito.

Dir-se-á, talvez, que a maior susceptibilidade nervosa das mulheres as incapacita para a prática em qualquer outra área que não seja a vida doméstica, por as tornar inconstantes, volúveis, demasiado precipitadas pela influência do momento, incapazes de persistir num esforço, irregulares e incertas no exercício das suas faculdades.

Creio que estes comentários resumem a maioria das objecções habitualmente levantadas à competência das mulheres para as funções de maior responsabilidade. Mas muito do que se lhes aponta é um mero transbordar de energia nervosa desperdiçada, que decerto cessaria se fosse canalizada para um objectivo definido. E muito é também resultado de um culto consciente ou inconsciente, como podemos ver pela quase total desaparição das "histéricas" e dos fanicos, desde que passaram de moda. Além do mais, quando as pessoas são criadas, como acontece com muitas mulheres das classes mais altas (embora menos no nosso país do que em qualquer outro), como uma espécie de plantas de estufa, resguardadas das salutares vicissitudes climatéricas e impreparadas em qualquer uma das actividades e exercícios que tonificam e desenvolvem os sistemas circulatório e muscular – enquanto o seu sistema nervoso, nomeadamente na área emocional, se mantém exacerbadamente activo – não é de admirar que aquelas que não morrem tuberculosas se desenvolvam com uma constituição atreita a perturbações pelas mais pequenas causas, quer internas, quer externas, e sem resistência para aguentar qualquer tarefa, física ou mental, que requeira um prolongado esforço. Já as mulheres criadas para ganhar o seu sustento não apresentam nenhuma destas características mórbidas, a menos que se encontrem amarradas a um excesso de trabalho sedentário, em espaços confinados e insalubres. As mulheres que, durante a sua infância, partilharam da saudável educação física e liberdade de movimentos dos irmãos e que, mais tarde na vida, têm ar puro e exercício em doses suficientes, só muito raramente sofrem de qualquer excesso de susceptibilidade nervosa que as incapacite de exercer uma profissão activa. Existe, na verdade, uma certa percentagem de pessoas em ambos os sexos congenitamente dotadas de uma sensibilidade nervosa invulgarmente acentuada, de tal forma marcante que acaba por ser a característica orgânica que mais influência exerce sobre a natureza geral dos seus fenómenos vitais. Esta constituição é, à semelhança de outras conformações físicas, hereditariamente transmitida, tanto aos filhos como às filhas; mas é possível, e até provável, que o temperamento nervoso (como lhe chamam) seja herdado por mais mulheres do que homens. Vamos partir desse princípio. E deixem-me então perguntar-vos se acaso os homens de temperamento nervoso são considerados inaptos para as profissões e carreiras habitualmente seguidas pelo sexo masculino? E, se não são, por que motivo haveriam de sê-lo as mulheres com o mesmo tipo de temperamento? Não há dúvida de que as peculiaridades do temperamento constituem, até certo ponto, um obstáculo ao sucesso em determinadas profissões, embora também sejam uma vantagem noutras. Mas, quando a actividade é adequada ao temperamento e, por vezes, mesmo quando não é, os mais brilhantes exemplos de sucesso são-nos continuamente dados por homens de grande sensibilidade nervosa. O que os distingue nas suas manifestações práticas é fundamentalmente o facto de, sendo susceptíveis de uma maior excitabilidade do que os que têm uma constituição física diferente, os seus poderes, quando exaltados, diferirem mais do que no caso de outras pessoas daqueles que manifestam no seu estado normal – como se, por assim dizer, se superassem a si próprios, fazendo com facilidade coisas de que são totalmente incapazes noutras ocasiões. Mas esta grandiosa exaltação não é, excepto em constituições físicas débeis, um mero clarão que de imediato se desvanece, sem deixar nenhum vestígio permanente, sendo por isso incompatível com a perseguição pertinaz e persistente de um objectivo. É característico do temperamento nervoso ser capaz de uma excitação *sustida*, que se mantém firme durante longos e continuados esforços. É a isso que se chama *fibra*. É aquilo que leva um cavalo puro-sangue a correr sem abrandar até cair morto. E também o que permitiu que tantas mulheres frágeis mantivessem o mais sublime estoicismo, não apenas na fogueira, mas durante a longa sucessão de torturas físicas e mentais a que eram sujeitas. É evidente que pessoas deste temperamento estão particularmente talhadas para aquilo a que poderíamos chamar o departamento executivo da direcção da humanidade. É da sua matéria que se fazem os grandes oradores, os grandes pregadores, os propagadores carismáticos de influências morais. A sua constituição poderia, no entanto, ser considerada menos favorável às qualidades requeridas de um político de gabinete ou de um juiz. Sê-lo-ia, se daqui inevitavelmente se concluísse que, só porque são excitáveis, as pessoas têm forçosamente de estar num estado de exaltação permanente. Mas trata--se puramente de uma questão de treino. Uma emotividade forte é o instrumento, e o elemento, de um poderoso autodomínio. Tem, no entanto, de ser cultivada nesse sentido. Quando tal acontece, forma não apenas os heróis do impulso, mas também os da auto-conquista. A História e a experiência mostram--nos que, quando a sua paixão foi treinada para agir dessa forma, os caracteres mais apaixonados são os mais fanaticamente inflexíveis no seu sentido do dever. O juiz que toma uma decisão justa num caso em que os seus sentimentos pendiam fortemente para o lado contrário extrai dessa mesma força emotiva o firme sentido do dever de justiça que lhe permite alcançar tal vitória sobre si mesmo. A capacidade para este entusiasmo exaltante que leva o ser humano a transcender-se a si próprio também se repercute no seu carácter quotidiano. Quando se encontra nesse estado excepcional, as suas aspirações e poderes convertem-se no modelo com que compara, e segundo o qual avalia, os seus sentimentos e procedimentos noutras alturas; e daí que os seus objectivos habituais acabem por se moldar à imagem desses momentos de sublime exaltação, apesar destes, pela própria natureza física do ser humano, serem inevitavelmente efémeros.

Também a experiência das raças, tal como a dos indivíduos, não demonstra que as de temperamento excitável sejam, em média, menos aptas do que as mais fleumáticas, quer para a especulação, quer para a prática. Não há dúvida de que os franceses e os italianos têm, por natureza, uma maior excitabilidade nervosa que as raças teutónicas e, comparados pelo menos com os ingleses, têm, por norma, uma vida emocional quotidiana muito mais intensa. Mas ter-se-ão por isso notabilizado menos na ciência, na vida pública, na eminência jurídica ou até mesmo na guerra? Temos também abundantes provas de que os gregos antigos eram, à semelhança, aliás, dos seus actuais descendentes e sucessores, dos povos mais emotivos da espécie humana. E nem vale a pena perguntar em que feitos da humanidade não primaram pela excelência.

É provável que os romanos, como povo igualmente meridional, tivessem originalmente o mesmo temperamento dos gregos. Mas a rigidez da sua disciplina nacional, análoga à dos espartanos, acabou por fazer deles um exemplo do tipo de carácter oposto – o que significa que a maior força dos seus sentimentos naturais terá sido sobretudo visível na intensidade que um mesmo temperamento de origem tornou possível conferir ao carácter artificial. Se estes casos ilustram aquilo em que um povo naturalmente emotivo se pode converter, os celtas irlandeses oferecem-nos um mais elucidativos exemplos de como um povo é quando está entregue a si mesmo (se é que se pode dizer que está entregue a si mesmo um povo que permaneceu durante séculos sob a influência indirecta de um mau governo, e sob a doutrinação directa de uma hierarquia católica e de uma fervorosa crença no catolicismo). O carácter irlandês terá pois de ser considerado um caso desfavorável. Apesar disso, sempre que as circunstâncias individuais se revelaram, de algum modo, propícias, que outro povo terá demonstrado maior capacidade para a mais diversificada e multifacetada excelência pessoal? Ora, tal como os franceses comparados com os ingleses, os irlandeses com os suíços, e os gregos ou os italianos com as raças germânicas, também as mulheres comparadas com os homens podem ser, de um modo geral, consideradas capazes de fazer as mesmas coisas, com alguma variabilidade de nível, consoante a área particular de excelência. Mas não vejo a menor razão para duvidar de que se sairiam tão bem em áreas específicas quanto em termos globais, se a sua educação e cultura fossem orientadas no sentido de corrigir, em vez de agravar, as debilidades inerentes ao seu temperamento.

Supondo, no entanto, que seja verdade que as mentes das mulheres são, por natureza, mais inconstantes do que as dos homens, menos capazes de perseverar durante muito tempo num mesmo esforço contínuo, mais inclinadas a repartir as suas faculdades por uma multiplicidade de coisas do que a percorrer um único caminho até ao ponto mais elevado a que este possa conduzir: é possível que isto se aplique às mulheres tal como elas presentemente são (embora existam grandes e numerosas excepções) e pode explicar o facto de terem permanecido abaixo da categoria mais elevada de homens justamente nas áreas em que a absorção completa da mente num determinado conjunto de ideias e actividades se afigura mais necessária. Todavia, essa é uma diferença que apenas pode afectar o tipo de excelência, e não a excelência em si, ou o seu valor prático. E resta ainda provar que o exercício exclusivo de uma só parte da mente, essa absorção de todo o pensamento num único objecto, e sua concentração total numa única tarefa, constituem realmente o estado normal e saudável das faculdades humanas, mesmo quando aplicadas à especulação. Estou convencido de que o que se ganha em desenvolvimento específico através desta concentração se perde na capacidade da mente para os outros objectivos da vida. E, mesmo no que se refere ao pensamento abstracto, estou plenamente persuadido de que será mais produtivo para a mente retornar com frequência a um problema difícil do que fixar-se obsessivamente nele. Seja como for, para fins de ordem prática, e desde as questões mais importantes às mais triviais, a capacidade de passar prontamente de um assunto para outro, sem deixar que a elasticidade dinâmica do intelecto se perca entre ambos, é um poder consideravelmente mais valioso – e é um poder que as mulheres eminentemente possuem, justamente em virtude da tal inconstância de que são acusadas. Talvez o tenham por natureza, mas têm-no seguramente por treino e educação, já que a quase totalidade das suas ocupações consiste na gestão de pequenos mas inúmeros pormenores, em cada um dos quais a mente não se pode deter nem um minuto, pois tem de passar logo para outras coisas; e, se houver algo que requeira uma reflexão mais prolongada, terá de aproveitar qualquer breve momento de pausa para pensar no assunto. E, na verdade, esta capacidade que as mulheres demonstram para desenvolver as suas reflexões em circunstâncias e ocasiões que quase todos os homens considerariam uma desculpa para não o fazer tem sido muitas vezes notada. E a mente de uma mulher, embora possa estar ocupada apenas com pequenas coisas, raramente se dá ao luxo de permanecer ociosa, como a de um homem tantas vezes fica, quando não se encontra a laborar no que ele resolveu considerar a tarefa da sua vida. A tarefa da vida quotidiana de uma mulher são as coisas em geral e pode tanto suspender-se quanto a Terra parar de girar.

Mas, diz-se, existem provas anatómicas da superior capacidade mental dos homens em relação às mulheres: eles têm um cérebro maior. A isso respondo, em primeiro lugar, que o facto em si é duvidoso. Não está de forma alguma comprovado que o cérebro de uma mulher seja menor que o de um homem. Se essa conclusão se deve meramente ao facto de a estrutura física das mulheres ser, por norma, mais pequena que a dos homens, esse critério conduzir-nos-ia a consequências bizarras. É que, por essa ordem de ideias, um homem alto e espadaúdo teria de ser muitíssimo mais inteligente do que um homem pequeno, e a inteligência de um elefante ou de uma baleia prodigiosamente superior à de uma pessoa. Pelo que nos dizem os anatomistas, o tamanho do cérebro nos seres humanos varia muito menos do que o do corpo, ou até mesmo o da cabeça, sendo por isso totalmente impossível inferir um a partir do outro. E é um facto que algumas mulheres têm um cérebro tão grande como qualquer homem. Tenho informação de que um investigador que pesou muitos cérebros humanos disse que o mais pesado que conhecera, mais pesado mesmo que o de Cuvier (que era o recordista dos até então registados), era de uma mulher.

Em segundo lugar, faço notar que a relação exacta entre o cérebro e as capacidades intelectuais não é ainda bem compreendida, sendo objecto de grande discussão. Que existe uma relação muito estreita, disso não pode haver dúvida. O cérebro é indubitavelmente o órgão material do pensamento e das emoções; e, abstraindo-nos agora da grande controvérsia, ainda em aberto, sobre a afectação de diferentes partes do cérebro a diferentes faculdades mentais, admito que seria uma anomalia, e uma excepção a tudo o que conhecemos sobre as leis gerais da vida e dos organismos, se a dimensão do órgão fosse totalmente irrelevante para a função, ou seja, se nenhum acréscimo de potência resultasse da maior magnitude do instrumento. Mas a excepção e a anomalia não seriam menores se a influência exercida pelo órgão estivesse *unicamente* condicionada pelo seu tamanho. Em todas as operações mais delicadas da natureza – entre as quais as dos seres vivos são as mais delicadas e, dentro destas, as do sistema nervoso, de longe, as mais delicadas de todas – as diferenças no efeito dependem tanto de diferenças qualitativas nos agentes físicos como da sua quantidade; e, se a qualidade de um instrumento deve ser aferida pela delicadeza e requinte do trabalho que consegue desempenhar, os indícios apontam para uma superior qualidade média do cérebro e sistema nervoso das mulheres em relação ao dos homens. Pondo de parte a diferença abstracta de qualidade, que é uma coisa difícil de verificar, é sabido que a eficiência de um órgão não depende apenas das suas dimensões, mas da sua actividade. E, neste ponto, encontramos uma medida aproximada na energia com que o sangue circula através dele, estando o estímulo e a força regeneradora essencialmente dependentes da circulação. Não seria de surpreender – é, na verdade, uma hipótese que está bem de acordo com as diferenças efectivamente observadas entre as operações mentais dos dois sexos – se os homens em geral levassem a vantagem no tamanho do cérebro e as mulheres na actividade da circulação cerebral. Os resultados que a conjectura, fundada na analogia, nos levaria a esperar desta diferença orgânica corresponderiam a alguns daqueles que mais habitualmente vemos. Em primeiro lugar, seria de esperar que as operações mentais dos homens se revelassem mais lentas. Não seriam nem tão céleres como as mulheres a pensar, nem tão rápidos a sentir. Os corpos grandes levam mais tempo a entrar totalmente em acção. Por outro lado, uma vez em pleno funcionamento, o cérebro do homem aguentaria mais trabalho. Mostrar-se-ia mais persistente no rumo originalmente traçado; teria maior dificuldade em transitar de um modo de acção para outro mas, naquilo em que se encontrasse ocupado, conseguiria continuar durante mais tempo, sem perda de potência ou sensação de fadiga. E não concluímos que as coisas em que os homens mais superam as mulheres são aquelas que requerem uma marcha lenta e laboriosa, um longo martelar num único pensamento, ao passo que elas se saem melhor no que tem de ser feito com rapidez? O cérebro de uma mulher cansa-se mais depressa, fica exausto mais depressa; mas, considerando o grau dessa exaustão, é de prever que se concluísse que também recupera mais depressa. Repito que esta especulação é inteiramente hipotética: não pretende mais do que sugerir uma linha de investigação. Já anteriormente repudiei a ideia de que actualmente se possa afirmar com segurança que existe qualquer diferença natural na potência ou na orientação geral das capacidades mentais dos dois sexos e, muito menos ainda, em que é que essa diferença consiste. E não será possível sabê-lo enquanto as leis psicológicas da formação do carácter permanecerem tão mal estudadas, mesmo em termos gerais, e, neste caso concreto, sem nunca terem sido cientificamente aplicadas; nem enquanto as mais óbvias causas externas da diferença de carácter continuarem a ser sistematicamente desprezadas: ignoradas pelo observador e sobranceiramente olhadas com uma espécie de desdém arrogante pelas escolas dominantes, tanto de História Natural como de Filosofia da Mente – escolas que, quer procurem a origem das principais diferenças entre os seres humanos no mundo da matéria, quer no do espírito, convergem ambas em desacreditar aqueles que preferem explicar o que distingue os seres humanos uns dos outros pelas diferentes relações destes com a sociedade e a vida.

São tão ridículas as ideias feitas acerca da natureza das mulheres – meras generalizações empíricas, baseadas, sem filosofia ou análise, nos primeiros exemplos que se apresentam – que o juízo popular nesta matéria vai variando consoante os países, em função das eventuais especificidades de desenvolvimento, ou falta dele, que as opiniões e circunstâncias sociais de um determinado país tenham proporcionado às mulheres que nele vivem. Um oriental, por exemplo, pensa que as mulheres são, por natureza, particularmente voluptuosas – basta ver o violento abuso de que, por esse motivo, são alvo nos escritos hindus. Já um inglês pensa geralmente que elas são, por natureza, frias. Os ditos sobre a volubilidade das mulheres são maioritariamente de origem francesa – segundo a famosa máxima de Francisco I, podem ir de um extremo ao outro. Em Inglaterra, porém, é vulgar comentar-se que as mulheres são muito mais constantes do que os homens, e a inconstância feminina é encarada depreciativamente há mais tempo do que em França. No que toca à sua natureza íntima, as mulheres inglesas vivem, aliás, muito mais subjugadas pela opinião corrente. Mas note-se, a este propósito, que os homens ingleses se encontram numa posição particularmente ingrata para tentar ajuizar o que é ou não natural, e não somente em relação às mulheres, mas também aos homens, ou seres humanos em geral, sobretudo se não tiverem mais em que se basear do que a experiência na Inglaterra – pois a verdade é que não há outro país em que a natureza humana mostre tão pouco dos seus traços originais. Tanto no bom como no mau sentido, os ingleses estão mais distantes do estado natural do que qualquer outro povo moderno. São, mais do que qualquer outro, um produto da civilização e da disciplina. A Inglaterra é o país em que a disciplina social se mostrou mais eficaz, não tanto a conquistar, mas a suprimir tudo o que fosse susceptível de entrar em conflito com ela. Os ingleses, mais do que qualquer outro povo, não só agem como sentem de acordo com as regras. Noutros países, a opinião transmitida ou as exigências da sociedade podem ser o poder mais forte, mas os impulsos da natureza individual são sempre visíveis por baixo dele, oferecendo-lhe muitas vezes resistência – mesmo que a regra seja mais forte do que a natureza, a natureza continua presente. Em Inglaterra, porém, a natureza foi em larga medida substituída pela regra, o que significa que a maior parte da vida é passada, não a seguir as inclinações sob o controlo das regras, mas tendo por única inclinação a vontade de seguir as regras. É claro que esta atitude não deixa de ter o seu lado benéfico, embora tenha outro deploravelmente nocivo; mas o facto é que torna os ingleses particularmente inaptos para emitir pareceres sobre as tendências originais da natureza humana com base na sua própria experiência. Os erros que observadores de outras nacionalidades estão sujeitos a cometer nesta matéria são de carácter diferente. Um inglês desconhece a natureza humana; um francês tem ideias preconcebidas acerca dela. Os erros de um inglês são negativos; os de um francês são positivos. Um inglês acha que as coisas não existem porque nunca as vê; um francês pensa que elas têm sempre e necessariamente de existir pelo simples facto de as ver. Um inglês não conhece a natureza porque nunca teve oportunidade de a observar; um francês conhece-a geralmente bastante bem, mas interpreta-a muitas vezes mal, por só ter tido oportunidade de a ver sofisticada e distorcida. E isto porque o artificialismo imprimido pela sociedade encobre as tendências naturais daquilo que se pretende observar de duas maneiras distintas: ou suprimindo a natureza, ou transformando-a. No primeiro caso, resta-nos apenas um resíduo definhado de natureza para estudar; no segundo, há ainda muito, mas pode ter-se expandido em qualquer outro sentido que não aquele em que se teria espontaneamente desenvolvido.

Afirmei que não é actualmente possível saber até que ponto as diferenças mentais existentes entre homens e mulheres são naturais, e até que ponto serão artificiais; se há realmente diferenças naturais, ou, imaginando que todas as causas artificiais das diferenças eram eliminadas, que carácter natural se revelaria. Não vou, pois, tentar o que declarei ser impossível. Mas a dúvida não proíbe a conjectura e, onde a certeza é inatingível, pode, não obstante, haver maneira de se alcançar um certo grau de probabilidade. O primeiro ponto, a origem das diferenças efectivamente observadas, é o mais acessível à especulação. E vou tentar abordá-lo pela única via que nos permite atingi-lo: investigando as consequências psicológicas das influências externas. Embora não seja possível isolar um ser humano das circunstâncias da sua condição, para verificar experimentalmente o que ele teria sido por natureza, podemos considerar o que ele é e o que foram as suas circunstâncias, no sentido de avaliar se uma coisa teria sido capaz de produzir a outra.

Debrucemo-nos então sobre o único caso notório que a observação nos oferece de aparente inferioridade das mulheres em relação aos homens, se exceptuarmos a questão meramente física da força corporal: nenhuma obra no domínio da filosofia, da ciência ou da arte, digna de figurar entre as maiores, foi produzida por uma mulher. Haverá alguma forma de explicar isto sem supor que as mulheres sejam naturalmente incapazes de tais obras?

Em primeiro lugar, podemos honestamente perguntar se a experiência nos terá oferecido bases suficientes para uma indução. Nem três gerações passaram ainda desde que as mulheres, salvo raríssimas excepções, começaram a ensaiar a sua capacidade na filosofia, na ciência, ou na arte. Foi só na geração actual que as suas tentativas atingiram um número expressivo mas, mesmo hoje, continuam a ser extremamente escassas em todo o lado, excepto em França e Inglaterra. É, pois, uma questão relevante saber se seria efectivamente de esperar, à luz de um mero cálculo probabilístico, que uma mente dotada dos requisitos do mais alto grau de excelência no domínio da especulação ou da arte criativa tivesse surgido, durante esse lapso de tempo, entre as mulheres cujas preferências e situação pessoal lhes permitissem consagrar-se a essas actividades. Em todas as coisas para as quais já houve tempo – e em todos, salvo os mais elevados, graus da escala da excelência, especialmente na área a que há mais tempo se dedicam, a literatura (tanto prosa como poesia) – as mulheres não fizeram menos do que os homens, e obtiveram prémios de idêntica importância e na quantidade que se poderia esperar, dado o período de tempo e o número de concorrentes. Se recuarmos à época mais antiga, em que muito poucas mulheres ousavam sequer tentar, podemos ver que algumas dessas poucas o fizeram, não obstante, com assinalável sucesso. Os gregos sempre incluíram Safo entre os seus grandes poetas. E temos boas razões para supor que Mirtis, de quem se disse haver sido professora de Píndaro, e Corina, que por cinco vezes arrebatou a este o prémio de poesia, terão tido, ao fim e ao cabo, mérito suficiente para poderem ser comparadas com esse grande nome.

Aspasia não deixou nenhuns escritos filosóficos; mas é um facto admitido que Sócrates recorreu a ela em busca de instrução, e reconheceu havê-la obtido. Se considerarmos as obras das mulheres na época actual e as confrontarmos com as obras dos homens, seja no domínio literário, seja no artístico, a inferioridade que se pode observar resume-se essencialmente a uma coisa, que é, no entanto, bastante importante: défice de originalidade. Não um défice total, uma vez que toda a produção da mente que possua algum valor substantivo tem uma originalidade própria – é uma concepção da própria mente e não uma cópia de outra coisa. Os pensamentos originais, no sentido de não serem tomados de "empréstimo" – ou seja, de terem origem nas próprias observações ou processos intelectuais do pensador – são abundantes nos escritos das mulheres. Mas nenhuma delas produziu ainda uma daquelas ideias novas, grandes e luminosas, que inauguram uma época na história do pensamento, ou alguma dessas concepções artísticas radicalmente inovadoras que abrem um horizonte de possíveis efeitos, nunca até aí pensados, e fundam uma nova escola. As composições femininas são maioritariamente baseadas no acervo geral do pensamento, e as suas criações não se desviam muito dos modelos existentes. É este o tipo de inferioridade que as suas obras manifestam, pois no que toca à execução, à aplicação minuciosa do pensamento e à perfeição do estilo, não se encontra qualquer inferioridade. Do ponto de vista da composição e do tratamento do pormenor, a maior parte dos nossos melhores romancistas foram mulheres. E não encontramos, em toda a literatura moderna, um veículo mais eloquente do pensamento do que o estilo de Madame de Stäel, nem – como exemplo de excelência puramente artística – nada de superior à prosa de Madame Sand, cujo estilo exerce sobre o sistema nervoso o efeito de uma sinfonia de Haydn ou Mozart. O principal defeito das obras das mulheres é, como já disse, a sua relativa falta de originalidade. Vejamos agora se há alguma forma de explicar esta deficiência.

Lembremo-nos, então, no que respeita ao mero pensamento, que durante todo aquele período da existência do mundo e do progresso da cultura em que era possível descobrir grandes e fecundas verdades pela simples força do génio, sem que houvesse ainda grande estudo ou acumulação de conhecimento – durante todo esse tempo, dizíamos, as mulheres mantiveram-se totalmente alheias à especulação. Desde os tempos de Hipácia aos da Reforma, a ilustre Heloísa terá sido praticamente a única mulher eventualmente capaz de realizar algo nesse domínio. E não temos meio de avaliar a dimensão da capacidade especulativa que nela se terá perdido, para prejuízo da humanidade, pelos infortúnios da sua vida. A verdade é que, desde que um número considerável de mulheres começou a cultivar seriamente o pensamento, nunca a originalidade foi algo fácil de conseguir. Quase todos os pensamentos a que é possível chegar pela simples força das faculdades originais foram há muito atingidos; e daí que a originalidade, em qualquer acepção elevada do termo, dificilmente possa ser hoje alcançada por mentes que não estejam submetidas a uma rigorosa disciplina, e não sejam profundamente versadas nos resultados das reflexões precedentes. Foi Maurice, segundo creio, quem observou que os pensadores mais originais da nossa época são aqueles que mais rigorosamente conhecem o que foi pensado pelos seus predecessores. E, doravante, vai ser sempre assim. Cada nova pedra no edifício tem agora de ser colocada no cimo de tantas outras que todo aquele que aspire a participar no presente estádio da obra tem de se sujeitar previamente a um longo processo de escalada e carregamento de materiais. Ora, quantas mulheres haverá que tenham passado por tal processo? Mrs. Sommerville será talvez a única mulher que sabe tanto de matemática quanto é presentemente necessário para fazer qualquer descoberta importante nessa área. Constituirá alguma prova de inferioridade das mulheres que não lhe tenha acontecido ser uma das duas ou três pessoas que, no decurso da sua vida, associaram os seus nomes a algum avanço significativo desta ciência? Houve também duas mulheres que, desde que a economia política adquiriu estatuto científico, estudaram o suficiente para escrever obras úteis nesta matéria.

Ora, de quantos dos incontáveis homens que, em idêntico período de tempo, escreveram sobre o mesmo tema, se poderá, em boa verdade, dizer mais? Se nenhuma mulher foi, até aqui, uma grande historiadora, quantas delas terão tido acesso à erudição necessária? Se nenhuma mulher é uma grande filóloga, quantas terão estudado sânscrito e eslavo, ou o gótico de Úlfilas e o pérsico dos Zendavesta? Mesmo em assuntos de ordem prática, todos sabemos qual o valor da originalidade dos génios espontâneos. Significa reinventar de novo, na sua forma rudimentar, algo que já havia sido inventado e aperfeiçoado por muitos e sucessivos inventores. Quando as mulheres tiverem tido a preparação de que todos os homens actualmente necessitam para serem eminentemente originais, será então altura de começar a avaliar, pela experiência, o seu poder de originalidade.

Acontece muitas vezes, sem dúvida, que uma pessoa que não estudou ampla e aprofundadamente o pensamento de outros sobre determinada matéria tem, pela sua sagacidade natural, uma intuição acertada que pode propor, mas não provar, e que, se devidamente amadurecida, poderia representar uma importante adição para o conhecimento. Mas, mesmo nesse caso, nenhuma justiça lhe poderá ser feita até que uma outra pessoa efectivamente dotada de conhecimentos prévios pegue nessa ideia, a ponha à prova, lhe dê uma forma científica ou prática, e a coloque no seu devido lugar entre as presentes verdades da filosofia ou da ciência. Será de crer que tais pensamentos inspirados não ocorram às mulheres? Ocorrem às centenas a qualquer mulher inteligente. Mas perdem-se, na sua maioria, por falta de um marido ou amigo que possua esse outro conhecimento que é necessário para os avaliar correctamente e levá-los a público. E, mesmo quando são publicamente divulgados, aparecem geralmente como ideias dele, e não da sua verdadeira autora. Quem poderá dizer quantos dos mais originais pensamentos avançados por escritores masculinos não lhes terão sido sugeridos por uma mulher, pertencendo-lhes a eles unicamente a sua verificação e o seu aperfeiçoamento? Se me é permitido julgar pelo meu caso, uma grande percentagem, de facto.

Se nos virarmos agora da especulação pura para a literatura, em sentido estrito, e para as belas-artes, existe uma razão muito óbvia pela qual a literatura feminina é, na sua concepção geral e principais características, uma imitação da masculina. Por que é que a literatura romana, como os críticos proclamam à saciedade, não passa de uma imitação da grega? Muito simplesmente, porque os gregos chegaram primeiro. Se as mulheres vivessem num país diferente dos homens e nunca tivessem lido nada escrito por eles, teriam tido uma literatura inteiramente sua. Sendo as coisas como são, não criaram uma porque já encontraram outra altamente desenvolvida. Se não se tivesse verificado nenhuma suspensão no conhecimento da Antiguidade, ou se a Renascença tivesse ocorrido antes de as catedrais góticas serem construídas, a construção destas nunca teria tido lugar. Vemos que, em França e na Itália, a imitação da literatura antiga travou o desenvolvimento de uma literatura original, mesmo depois de esta ter começado. Todas as mulheres que escrevem são discípulas dos grandes escritores masculinos. As primeiras obras de um pintor, mesmo tratando-se de um Rafael, são indistinguíveis no estilo das pinturas do seu mestre. Nem mesmo um Mozart revela a sua poderosa originalidade nas primeiras peças. E o que os anos representam para um indivíduo dotado representam as gerações para a generalidade dos indivíduos. Se a literatura feminina está destinada a possuir um carácter globalmente diferente da dos homens, devido a qualquer diferença nas suas inclinações naturais, será necessário muito mais tempo do que o até aqui transcorrido para que se consiga emancipar da influência dos modelos aceites e nortear-se pelos seus próprios impulsos. Caso, porém, como estou convencido, não se venha a provar que existem quaisquer tendências naturais comuns às mulheres que distingam o seu génio do dos homens, mas antes que cada escritora tem as suas próprias tendências individuais, que se encontram presentemente ainda subjugadas pela influência dos precedentes e dos exemplos, serão, mesmo assim, necessárias várias gerações até que a sua individualidade esteja suficientemente desenvolvida para se opor com êxito a essa influência.

É nas belas-artes, propriamente ditas, que a evidência *prima facie* da inferior capacidade das mulheres em termos de originalidade parece, à primeira vista, mais flagrante – pois que a opinião vigente, podemos dizê--lo, não só não as exclui das artes como as incentiva até a cultivá-las, e a sua educação, sobretudo nas classes mais abastadas, longe de passar por cima dessa área, é na verdade predominantemente consagrada a ela. E, no entanto, nesta linha de exercício, as mulheres ficaram ainda mais aquém do que em muitas outras do mais elevado patamar de excelência atingido pelos homens. Esta insuficiência, porém, não carece de outra explicação que não seja o bem conhecido facto, mais universalmente verdadeiro nas belas-artes do que em qualquer outro domínio, da enorme superioridade dos profissionais sobre os amadores. As mulheres das classes cultas são praticamente todas mais ou menos educadas num ou noutro ramo das belas-artes, mas não na ideia de que poderão ganhar a sua vida ou o seu estatuto social por essa via. As mulheres artistas são todas amadoras, sendo as excepções unicamente do género que confirma a regra. Aprendem música, não com o objectivo de compô-la, mas apenas de executá-la – e daí que seja unicamente como compositores que os homens, na música, se mostram superiores às mulheres. A única das belas-artes que as mulheres, até certo ponto, seguem como profissão e ocupação na vida é a arte teatral – e nessa são reconhecidamente equiparáveis, se não mesmo superiores, aos homens. Para que a comparação fosse justa, teria pois de ser feita entre as produções das mulheres em qualquer área artística e as dos homens que não a seguissem como profissão. Na composição musical, por exemplo, as mulheres produziram seguramente tantas peças de qualidade como os homens amadores. Existe actualmente um pequeno número de mulheres, muito pequeno mesmo, que se dedica profissionalmente à pintura; e essas poucas começam já a mostrar tanto talento quanto se poderia esperar. Mesmo os pintores masculinos (com a honrosa excepção de Mr. Ruskin) não fizeram nada de particularmente notável nestes últimos séculos, e muito tempo se passará até que o façam. A razão por que os pintores antigos eram tão imensamente superiores aos modernos é que havia uma classe de homens verdadeiramente superiores que se consagrava a essa arte. Nos séculos XIV e XV, os pintores italianos eram os homens mais dotados da sua época. Os maiores de entre eles eram homens de cultura e talentos enciclopédicos, à semelhança dos grandes gregos. Mas, na maneira de ver e sentir desses tempos, a bela arte era uma das mais grandiosas coisas em que um ser humano se podia notabilizar; e, graças a ela, os homens alcançavam uma posição a que, hoje em dia, apenas a distinção política ou militar lhes permite aceder: a de companheiros de reis e de iguais à mais distinta nobreza. Nos nossos dias, os homens deste quilate encontram algo mais importante para fazer, em prol da sua própria fama e dos objectivos do mundo moderno, do que a pintura. E é só de quando em quando que um Reynolds ou um Turner (cuja posição relativa entre os homens eminentes não pretendo avaliar) se aplica a essa arte. Já a música pertence a uma ordem de coisas diferente – não requer as mesmas capacidades gerais da mente, parecendo depender mais de um dom natural. E pode considerar-se surpreendente que nenhum dos grandes compositores musicais tenha sido uma mulher. Mas mesmo esse dom natural, para poder estar ao serviço de grandes criações, requer estudo e dedicação profissional à carreira. Os únicos países que produziram compositores de primeira categoria, mesmo do sexo masculino, foram a Alemanha e a Itália – países em que as mulheres, tanto em termos de cultura geral como específica, ficaram muito atrás das francesas e das inglesas, sendo, por via de regra, (podemos dizê-lo sem exagero), muito pouco instruídas e quase completamente incultas em tudo quanto exercita as mais altas faculdades da mente. E, nesses países, os homens que conhecem os princípios da composição musical devem ser às centenas, muito provavelmente aos milhares, ao passo que as mulheres mal atingirão as dúzias – de forma que também aqui, à luz da doutrina das médias, não podemos razoavelmente esperar ver mais do que uma mulher eminente por cada cinquenta homens eminentes. E os últimos três séculos não produziram cinquenta eminentes compositores masculinos, nem na Alemanha, nem na Itália.

Existem outras razões, além daquelas que agora apontámos, que ajudam a explicar por que é que as mulheres continuam atrás dos homens mesmo nas actividades que estão abertas a ambos os sexos. Para começar, são muito poucas as mulheres que têm tempo para elas. Pode parecer um paradoxo, mas é um facto social indubitável. O tempo e os pensamentos da generalidade das mulheres têm de satisfazer as grandes exigências prévias que representam os assuntos de ordem prática. Incumbe-lhes, em primeiro lugar, a supervisão da família e da economia doméstica, que ocupa pelo menos uma mulher em cada família, geralmente a de idade madura e experiência adquirida – a menos que a família seja tão rica que possa delegar a tarefa numa pessoa contratada e sujeitar-se a todo o desperdício e esbanjamento inerentes a esse modo de administração. O governo de uma casa, mesmo quando não é muito cansativo noutros aspectos, é extremamente oneroso para o pensamento: requer uma vigilância constante, olho aberto para todos os pormenores, e coloca, a todo o momento, novas questões a considerar e a resolver, tanto previstas como imprevistas, de que a pessoa por elas responsável raramente se consegue libertar. Mas, mesmo que uma mulher seja de uma classe e posição que a dispensem, até certo ponto, desses cuidados, cumpre-lhe, não obstante, zelar pelo relacionamento de toda a família com os outros – ou seja, pela chamada vida social. E, quanto mais leve for a sua primeira tarefa, tanto maiores serão sempre as exigências desta última: jantares, concertos, saraus, visitas matinais, escrita de cartas, e tudo o que tal implica. A tudo isso acresce ainda um dever que a sociedade impõe exclusivamente às mulheres, que é o de serem atraentes. Uma mulher inteligente das classes mais elevadas encontra emprego quase suficiente para os seus talentos no cultivo de maneiras graciosas e das artes da conversação. Considerando apenas o lado mais imediato da questão, podemos dizer que o grande e contínuo exercício do pensamento que todas as mulheres que atribuem algum valor à arte de se vestir bem (não quero dizer dispendiosamente, mas com gosto e sentido da *convenance* natural e artificial) têm de consagrar ao seu próprio vestuário e, possivelmente, também ao das filhas, já daria, por si só, para alcançar resultados muito respeitáveis no domínio da arte, da ciência, ou da literatura, pois consome, indubitavelmente, muito do tempo e da energia mental que poderiam canalizar para qualquer uma delas.[2] Se fosse possível que toda

---

[2] "Parece ser exactamente uma mesma aptidão especial a que permite a uma pessoa alcançar a *verdade* ou a justa ideia do que

esta multiplicidade de pequenos interesses práticos (que lhes surgem como grandes) lhes deixasse muito tempo livre, ou muita energia e liberdade de espírito para devotarem à arte ou à especulação, teriam certamente uma reserva original de faculdades activas muito superior à da vasta maioria dos homens. Mas isto não é tudo. Independentemente dos encargos quotidianos da vida que recaem sobre uma mulher, ainda se espera dela que tenha o seu tempo e faculdades sempre à disposição de toda a gente. Um homem, mesmo que não tenha uma profissão que o isente dessas obrigações, não ofende ninguém pelo facto de consagrar o seu tempo a qualquer outra actividade – essa ocupação é aceite como desculpa válida para não corresponder a

fica bem, tanto em matéria de ornamentos como nos princípios mais estáveis da arte. Tem ainda o mesmo centro de perfeição, embora dentro de um círculo mais reduzido. Ilustremos isto com a moda do vestuário, em que se admite haver bom e mau gosto: as peças que compõem o vestuário estão continuamente a mudar de grandes para pequenas, de curtas para compridas; não obstante, a forma geral mantém-se – continua a ser o mesmo vestuário geral, que permanece relativamente fixo, ainda que sobre uma base muito esquemática. Mas é sobre ela que a moda tem de assentar. Aquele que inventa com maior sucesso, ou se veste com melhor gosto, teria provavelmente, caso houvesse aplicado a mesma sagacidade a objectivos mais elevados, descoberto idêntica aptidão, ou formado o mesmo bom gosto, nos mais grandiosos ofícios da arte." (Sir Joshua Reynolds, *Discourses*, Discurso VII) alguma exigência que lhe possa ser ocasionalmente feita. Ora, serão as ocupações de uma mulher, sobretudo as que ela própria voluntariamente escolhe, alguma vez encaradas como uma justificação que a dispense de quaisquer das chamadas obrigações sociais? Mesmo os seus encargos mais necessários e reconhecidos só muito dificilmente são admitidos como desculpa. Será preciso uma doença na família, ou qualquer outra coisa fora do comum, para lhe conferir o direito de pôr os seus próprios assuntos acima da diversão dos outros. Tem de estar sempre ao dispor de alguém ou, por norma, de toda a gente. E, se acaso tiver um estudo ou alguma outra actividade, tem de tentar aproveitar qualquer breve pausa que lhe surja para se dedicar a ela. Uma mulher célebre, numa obra que espero venha um dia a ser publicada, observa, com inteira razão, que tudo o que uma mulher faz é feito nas horas vagas. Será, pois, de admirar que não consiga atingir a excelência em coisas que requerem uma atenção consecutiva, e que têm de tornar-se aquelas em que se concentra o principal interesse na vida? É o que acontece com a Filosofia e, acima de tudo, com a arte, na qual, para além de uma total dedicação do pensamento e da sensibilidade, também a mão se tem de manter em constante exercício, para poder atingir uma elevada perícia.

Há uma outra consideração a acrescentar a todas estas. Nas diversas artes e ocupações intelectuais, existe um grau de proficiência suficiente para se poder viver delas, e há um grau mais elevado de que dependem as grandes produções que imortalizam um nome. Para atingir o primeiro, encontramos motivos apropriados no caso de todos os que as seguem como carreira profissional. Já o segundo dificilmente será atingido por alguém que não tenha, ou não haja já experimentado, em algum período da vida, um desejo ardente de celebridade. Nenhuma outra coisa constitui geralmente motivação suficiente para suportar a longa e paciente escravatura que, mesmo no caso dos maiores dons naturais, é absolutamente necessária para atingir a excelência em domínios em que possuímos já tantos magníficos marcos do mais sublime génio. Ora, as mulheres, seja por causas naturais ou artificiais, raramente têm esta sede de celebridade. A sua ambição está geralmente confinada a limites estreitos. A influência a que aspiram é sobre aqueles que lhes estão mais próximos. O seu desejo é serem estimadas, amadas ou admiradas pelas pessoas que têm perante os olhos; e daí que a proficiência em conhecimento, artes e talentos que baste para o conseguir quase sempre as satisfaça. Este é um traço de carácter que não pode deixar de ser tido em conta quando avaliamos a maneira de ser das mulheres. Mas não acredito, de forma alguma, que seja uma característica inata. É apenas o resultado natural das suas circunstâncias. Nos homens, o amor à fama é incentivado pela educação e pela opinião geral – "desdenhar os prazeres e viver dias laboriosos" em seu nome é considerado próprio das "mentes nobres", ainda que se fale disso como a sua "grande fraqueza" – e é estimulado pelo acesso que a fama dá a todos os objectos de ambição, incluindo até os favores das mulheres. Para estas, em contrapartida, todos esses objectivos se encontram vedados, e o próprio desejo de celebridade é considerado audacioso e pouco feminino. Além disso, como se poderia admitir que os interesses de uma mulher não estivessem inteiramente concentrados nas impressões que produz sobre aqueles que fazem parte da sua vida diária, quando a sociedade decretou que todos os seus deveres fossem para com eles, e arranjou maneira de que todas as suas compensações dependessem igualmente deles? O natural desejo de conquistar a consideração dos nossos semelhantes não é menos forte numa mulher do que num homem; mas a sociedade dispôs as coisas de maneira a que, em circunstâncias normais, uma mulher apenas consiga alcançar a consideração pública através da consideração pelo seu marido ou parentes masculinos, ao passo que a consideração por ela mesma fica embargada pelo simples facto de adquirir proeminência individual, ou aparecer em qualquer outra qualidade que não seja a de apêndice de um homem. Quem for minimamente capaz de avaliar a influência sobre a mente de toda uma situação doméstica e social e do hábito de uma vida inteira não terá dificuldade em reconhecer aí uma explicação completa para quase todas as aparentes diferenças entre homens e mulheres, incluindo todas aquelas que implicam alguma inferioridade.

No que toca às diferenças morais, consideradas como distintas das intelectuais, a diferença habitualmente traçada é em abono das mulheres. Afirma-se que são melhores do que os homens – um cumprimento oco, que tem de provocar um sorriso amargo em qualquer mulher com lucidez de espírito, já que não se encontra nenhuma outra situação na vida em que seja ordem estabelecida, e considerada perfeitamente natural e adequada, que o melhor tenha de obedecer ao pior. Se este pedaço de prosa servir para alguma coisa, será apenas como reconhecimento, por parte dos homens, do efeito corruptor do poder, pois essa é seguramente a única verdade que o facto, se de um facto se trata, comprova ou ilustra. E *é* verdade que a servidão, salvo nos casos em que efectivamente brutaliza, apesar de corruptora para ambos, corrompe menos os escravos do que os seus senhores. É mais salutar para a natureza moral encontrar-se refreada, nem que seja por um poder arbitrário, do que ser-lhe permitido exercer ela mesma um poder sem limites. As mulheres, diz-se, são mais raramente punidas pela lei penal, pois contribuem muito menos do que os homens para os índices de criminalidade. Não tenho dúvidas de que o mesmo se possa dizer, com idêntica verdade, dos escravos negros. Aqueles que se encontram sob o controlo de outros não têm possibilidade de cometer grandes crimes, a menos que o façam por ordem e no interesse dos seus senhores. Não conheço um exemplo mais notório da cegueira com que o mundo, incluindo a turba de homens estudiosos, ignora e passa por alto todas as influências das circunstâncias sociais do que a sua néscia depreciação da natureza intelectual – e não menos néscios panegíricos sobre a natureza moral – das mulheres.

O comentário lisonjeiro acerca da superioridade moral das mulheres pode ser emparelhado com o comentário pejorativo acerca da sua maior propensão para a tendenciosidade moral. As mulheres, dizem-nos, são incapazes de resistir às suas parcialidades pessoais: o seu julgamento em assuntos graves está sempre inquinado pelas suas simpatias e antipatias. Supondo que assim seja, resta ainda provar que as mulheres se deixam mais frequentemente levar pelos seus sentimentos pessoais do que os homens pelos seus interesses próprios. A principal diferença neste caso parece ser que os homens se desviam do caminho do dever e do interesse público em benefício de si mesmos, ao passo que as mulheres (a quem não são permitidos interesses próprios) o farão em benefício de outras pessoas. Note-se também que toda a educação que as mulheres recebem da sociedade inculca nelas a ideia de que aqueles a que estão mais directamente ligadas são os únicos para com quem têm obrigações – os únicos por cujos interesses lhes cumpre zelar – ao passo que, em tudo o mais, a educação as deixa alheadas até das elementares ideias pressupostas em qualquer consideração inteligente de interesses mais latos ou objectivos morais mais elevados. A acusação de que são alvo resume-se, pois, ao facto de se limitarem a cumprir com demasiada fidelidade o único dever que lhes é ensinado, e praticamente o único que lhes é permitido cumprir.

As concessões dos privilegiados aos desprivilegiados têm tão raras vezes por base um motivo melhor do que o poder destes últimos para as reivindicar e impor que quaisquer argumentos contra a prerrogativa do sexo dificilmente encontrarão grande eco na generalidade das pessoas, enquanto estas puderem dizer a si próprias que as mulheres não se queixam da situação. Este facto permite seguramente aos homens manter o seu injusto privilégio durante mais algum tempo – mas não o torna menos iníquo. Exactamente o mesmo, aliás, se poderia dizer das mulheres no harém de um oriental: não se queixam de não lhes ser dada a mesma liberdade das mulheres europeias. Consideram-nas até intoleravelmente impúdicas e pouco femininas. Mas como é raro que mesmo os homens se queixem da ordem geral da sociedade! E muito mais raro seria ainda se não soubessem de nenhuma ordem diferente existente noutro sítio. As mulheres não se queixam do destino geral que lhes coube em sorte... na verdade, até queixam, pois elegias lamentosas sobre o tema são muito comuns na escrita feminina, e eram-no ainda mais quando não se podia suspeitar que essas lamentações tivessem algum objecto concreto. As queixas das mulheres são semelhantes às que os homens exprimem acerca da insatisfação geral da vida humana – não visam culpabilizar ninguém, nem pedir alguma mudança. Mas, ainda que as mulheres não se queixem do poder dos maridos em geral, cada uma se queixa do seu em particular, ou dos maridos das amigas. O mesmo acontece em todos os outros casos de servidão, pelo menos no início do movimento emancipatório. Os servos, a princípio, não se queixavam do poder dos seus senhores, mas apenas da sua tirania. Os Comuns começaram por reclamar algumas regalias municipais; em seguida, pediram para ficar isentos de impostos lançados sem o seu consentimento. Mas teriam, nessa altura, considerado uma grande presunção reivindicar qualquer parcela da autoridade soberana do rei. O caso das mulheres não é, pois, o único em que a rebelião contra regras estabelecidas é ainda encarada com os mesmos olhos com que antigamente se via a reclamação, por parte de um súbdito, do seu direito a rebelar-se contra o rei. Uma mulher que ingresse num qualquer movimento que o marido desaprove torna-se uma mártir, sem possibilidade sequer de ser uma apóstola, uma vez que o marido pode pôr legalmente termo ao seu apostolado. Não podemos, por conseguinte, esperar que as mulheres se consagrem à emancipação do seu sexo enquanto um considerável número de homens não estiver preparado para se aliar a elas nesse combate.

CAPÍTULO IV

Resta ainda uma questão, não menos importante do que as que já analisámos, e que será colocada com a maior das insistências por aqueles opositores cuja convicção esteja de alguma forma abalada no ponto principal. Que benefícios poderíamos esperar das mudanças propostas para os nossos costumes e instituições? Ficaria a humanidade verdadeiramente melhor se as mulheres fossem livres? E se não, para quê desinquietar os seus espíritos, tentando fazer uma revolução social em nome de um direito abstracto?

Não é muito de esperar que esta questão se coloque a propósito da mudança proposta para a condição das mulheres no casamento. Os sofrimentos, imoralidades e malefícios de toda a ordem, produzidos em inumeráveis casos pela sujeição pessoal de mulheres a certos homens são demasiado terríveis para serem ignorados. Pessoas irreflectidas ou hipócritas, que contem apenas os casos extremos, ou que chegam ao conhecimento público, podem dizer que esses males são excepcionais; mas ninguém pode fechar os olhos à sua existência nem, em muitos casos, à sua intensidade. E é perfeitamente óbvio que esse abuso de poder nunca poderá ser verdadeiramente controlado enquanto aquele poder se mantiver. Trata-se de um poder que é dado, ou oferecido, não aos homens íntegros, ou respeitavelmente decentes, mas a todos os homens em geral, incluindo os mais grosseiros e os mais criminosos. Não existe outro controlo para além da opinião pública, e esses homens não se encontram geralmente expostos a nenhuma opinião que não seja a de outros da sua laia. Se homens assim não tiranizassem brutalmente o único ser humano que se encontra legalmente obrigado a suportar tudo o que fazem, é porque a sociedade já teria seguramente atingido um estado paradisíaco. Já não haveria mais necessidade de leis para refrear as tendências viciosas dos homens. Não só Astreia teria regressado à Terra como o coração do mais ignóbil dos homens se teria convertido no seu templo. A verdade é que a lei da servidão no casamento está em monstruosa contradição com todos os princípios do mundo moderno, e com toda a experiência através da qual esses princípios foram sendo lenta e penosamente aperfeiçoados. Este é de facto o único caso, agora que a escravatura dos negros foi abolida, em que um ser humano na plena posse das suas faculdades é deixado à mercê de outro ser humano, na esperança, e dizemo-lo bem, de que esse outro apenas use o seu poder em benefício daquele que lhe está submetido. O casamento é a única verdadeira servidão reconhecida pela nossa lei. Já não existem legalmente escravos, a não ser a dona de cada casa.

Se não é, por conseguinte, por esse lado do problema que a questão tende a colocar-se, *Cui bono?* Podem dizer-nos que o mal seria maior do que o bem, só que a realidade do bem não admite discussão. No que se refere, porém à questão mais geral, a abolição da discriminação das mulheres – o reconhecimento da sua igualdade em relação aos homens em tudo o que concerne à cidadania, incluindo o livre acesso a todas as profissões dignas, e a toda a formação e educação que as qualificaria para elas – há muitas pessoas para quem não basta que a desigualdade não tenha justa ou legítima defesa: exigem que lhes digam expressamente que vantagens haveria em aboli-la.

A essas pessoas eu respondo, antes de mais, a vantagem de ver a mais universal e preponderante de todas as relações humanas regulada pela justiça, em vez da injustiça. E o imenso benefício daí adveniente para a natureza humana dificilmente se poderia tornar mais manifesto, por qualquer explicação ou exemplo, do que já é, pela simples afirmação em si, para qualquer pessoa que confira um sentido moral às palavras. Todas as tendências egoístas, a auto-idolatria ou a injusta preferência por si próprio, que existem entre os seres humanos têm a sua fonte e raiz, assim como o seu principal alimento, na presente constituição do relacionamento entre homens e mulheres. Pensem no que significa para um rapaz crescer e tornar-se adulto na crença de que, sem qualquer mérito ou esforço da sua parte, e ainda que possa ser a criatura mais frívola e oca, ou a mais ignorante e bronca à face da Terra, é não obstante, pelo mero facto de ter nascido homem, legalmente superior a todo e qualquer membro de metade da raça humana – incluindo provavelmente alguns cuja real superioridade em relação a si tem diária ou continuamente ocasião de sentir. Mas, mesmo que toda a sua conduta seja habitualmente orientada por uma mulher, se ele for realmente um imbecil, estará convencido de que ela evidentemente não tem, nem nunca poderia ter, uma capacidade e um discernimento idênticos aos seus. E, se não for um imbecil, fará pior ainda – pois, apesar de ver que ela é superior a ele, continua persuadido de que, não obstante tal superioridade, lhe cabe a ele o direito de mandar e a ela o dever de obedecer. Que efeito não terá esta lição sobre o seu carácter? Os homens das classes cultas não têm muitas vezes noção de como esta ideia se entranha na esmagadora maioria das mentes masculinas. E isto porque, entre pessoas de bons sentimentos e educação, a desigualdade é, tanto quanto possível, camuflada – acima de tudo, perante as crianças. Os rapazinhos devem tanta obediência às mães como aos pais; não lhes é permitido tiranizar as irmãs, nem estão acostumados a vê-las subalternizadas em relação a eles, antes pelo contrário – as compensações dos sentimentos cavalheirescos são exaltadas, enquanto a servidão que as torna necessárias permanece na sombra. É assim que os jovens bem-educados das classes mais altas escapam muitas vezes à má influência da situação durante os seus primeiros anos, só vindo a experienciá-la quando, chegados à idade adulta, entram na realidade dos factos. Essas pessoas têm pouca consciência de quão precocemente, quando um rapaz tem outro tipo de educação, a ideia da sua superioridade inata em relação às raparigas se instala no seu espírito; de como essa ideia cresce com ele, se fortalece com a sua força, e se vai propagando entre os rapazes na escola; de quão depressa um jovem se começa a considerar superior à mãe, a quem trata talvez com indulgência, mas sem verdadeiro respeito, e de como é sublime e sultânico o sentimento de superioridade que experimenta, antes de mais, sobre a mulher que decidiu honrar, partilhando a sua vida com ela. Acaso se imagina que tudo isto não perverte toda a maneira de viver do homem, tanto no plano individual como social? É um sentimento exactamente equivalente ao de um herdeiro da coroa que se julga superior a todos pelo facto de ter nascido rei, ou ao de um nobre por ter nascido nobre. A relação entre marido e mulher assemelha-se muito à que existia entre senhor e vassalo, com a diferença de que a mulher está obrigada a uma obediência mais ilimitada do que aquele. E ainda que o carácter do vassalo não tivesse sido afectado, nem positiva nem negativamente, pela sua subordinação, quem pode negar que o do senhor foi consideravelmente afectado para pior? – quer tenha acabado por se convencer de que os seus vassalos eram, na realidade, superiores a si, quer por sentir que lhe cabia mandar em pessoas tão boas como ele, não por algum mérito ou esforço da sua parte, mas pelo mero facto de, como diz Fígaro, se ter dado ao trabalho de nascer. Ora a auto-idolatria do macho é equiparável à auto-idolatria do monarca ou do suserano. Um ser humano não cresce, desde a infância, no gozo de imerecidas prerrogativas sem tirar o máximo partido delas. Aqueles a quem privilégios não adquiridos por mérito próprio, e os que sentem como excessivos em relação ao que efectivamente merecem, inspiram uma humildade acrescida são sempre muito poucos, e os melhores de entre todos. O resto está apenas inspirado de orgulho, e de orgulho da pior espécie, que é o daqueles que se têm em grande conta por vantagens puramente acidentais, e não por nada que tenham efectivamente feito. Mais do que tudo, quando o sentimento de estarem acima de todo o outro sexo se combina com a autoridade pessoal sobre um dos seus membros, essa situação, podendo embora ser uma escola de conscienciosa e afectuosa benevolência para aqueles cujos principais traços de carácter sejam a consciência e a afeição, constitui, para homens de outra índole, uma autêntica academia ou ginásio para o exercício da arrogância e da prepotência, vícios que, se refreados pela certeza de resistência nas relações com outros homens, seus iguais, são livres de descarregar sobre todos os que sejam obrigados a suportá--los, desforrando-se muitas vezes na infeliz da mulher pela involuntária coibição a que se vêem forçados noutras situações.

O exemplo recebido e a educação dada aos sentimentos pela fundação da vida doméstica sobre uma relação contrária aos mais elementares princípios da justiça social não podem deixar de exercer, pela própria natureza do homem, uma influência perversora de tal ordem que dificilmente conseguimos imaginar, face à nossa experiência actual, a extraordinária mudança para melhor que resultaria da sua supressão. Tudo o que a educação e a civilização estão a fazer para apagar os efeitos da lei da força sobre o carácter, substituindo-os pelos da justiça, terá uma acção meramente superficial enquanto a cidadela do inimigo não for atacada. O princípio do movimento moderno na moral e na política é o de que só a conduta, e nada mais do que ela, confere direito ao respeito: que não é o que os homens são, mas sim aquilo que fazem, que autoriza a sua pretensão à deferência dos outros; e, acima de tudo, que é no mérito, e não no nascimento, que se funda a única reivindicação legítima de poder e autoridade. Se nenhum ser humano pudesse exercer sobre outro uma autoridade que não fosse por natureza temporária, a sociedade não teria de contrariar com uma mão as tendências que fomenta com a outra. Pela primeira vez na existência humana à face da Terra, as crianças seriam verdadeiramente orientadas no sentido que deveriam seguir e, uma vez adultas, haveria probabilidades de que não se desviassem dele. Mas, enquanto o direito do forte a dominar o fraco continuar a vigorar no próprio âmago da sociedade, a tentativa desta para fazer da igualdade de direitos do fraco o princípio das suas acções externas será sempre uma luta árdua – pois a lei da justiça, que é também a lei do Cristianismo, não conquistará nunca os sentimentos mais íntimos dos homens, e estes agirão sempre ao seu arrepio, mesmo que se curvem perante ela.

O segundo benefício a esperar do facto de se permitir às mulheres o livre uso das suas faculdades, deixando-lhes a livre escolha das suas profissões e abrindo-lhes as portas às mesmas áreas de actividade e às mesmas recompensas e incentivos dos outros seres humanos, seria o de duplicar o coeficiente de faculdades mentais disponíveis em maior proveito da humanidade. Onde actualmente existe uma pessoa habilitada a beneficiar a espécie humana e a promover o progresso geral em áreas como o ensino público ou a administração de um qualquer ramo de negócios públicos ou privados, passaria a haver a possibilidade de existirem duas. A superioridade mental de qualquer espécie encontra-se presentemente, e em todos os domínios, aquém das necessidades; existe uma tal carência de pessoas competentes para fazer com perfeição qualquer coisa que requeira uma considerável dose de perícia que o prejuízo que o mundo sofre por se recusar a fazer uso de metade de todo o talento que nele existe é extremamente grave. É certo que essa quantidade de capacidade mental não se perde por completo. Muita dela é aplicada, e sê-lo-ia em quaisquer circunstâncias, na administração doméstica e nas outras poucas ocupações que estão acessíveis às mulheres; e do restante obtém-se um benefício indirecto, em muitos casos individuais, através da influência pessoal de determinadas mulheres sobre determinados homens. Mas esses benefícios são parciais – o seu âmbito é extremamente circunscrito. E se há que vê-los, por um lado, como uma dedução do total da nova energia social que se ganharia pela libertação de metade de todo o intelecto humano, cumpre acrescentar, por outro, o benefício do estímulo para o intelecto dos homens trazido pela competição – ou, para usar uma formulação mais precisa, pela necessidade que lhes seria imposta de merecerem a primazia antes de poderem esperar obtê-la.

Este enorme aditamento às capacidades intelectuais da espécie e à quantidade de intelecto disponível para a boa administração dos seus problemas seria obtido, em parte, pela melhor e mais completa educação intelectual das mulheres, que haveria então de progredir *pari passu* com a dos homens. A generalidade das mulheres seria educada em conjunto com os homens da mesma classe social, de modo a tornarem-se igualmente capazes de entender os negócios, os assuntos públicos e as matérias mais complexas da especulação. E o escol de ambos os sexos, ou seja, aqueles que se mostrassem não apenas capazes de compreender o que é feito ou pensado por outros, mas também de pensar ou fazer, eles próprios, algo de relevante, encontraria as mesmas oportunidades para exercitar e aperfeiçoar as suas capacidades, quer fossem homens ou mulheres. Deste modo, o alargamento da esfera de acção das mulheres seria definitivo, elevando-se a sua educação ao nível da dos homens e fazendo com que cada uma participasse em todos os progressos registados na outra. Mas, independentemente disso, o simples derrubar da barreira teria, por si só, um inestimável valor educativo. A simples abolição da ideia de que todas as matérias mais vastas do pensamento e da acção, todas as coisas de interesse geral e não apenas particular, são assuntos dos homens, de que as mulheres se devem manter afastadas – categoricamente proibidas da maior parte deles, friamente toleradas no pouco que lhes é permitido –, a simples consciência que uma mulher então teria de ser um ser humano como qualquer outro, com o mesmo direito a escolher as suas actividades, impelida ou solicitada pelos mesmos incentivos a interessar-se por tudo quanto possa interessar uma pessoa, autorizada a exercer a quota-parte de influência em todos os assuntos humanos que cabe a uma opinião individual, independentemente de tentar ou não participar activamente deles – tudo isto, por si só, resultaria numa imensa expansão das faculdades das mulheres, bem como no engrandecimento do horizonte dos seus sentimentos morais.

Para além do acréscimo de talento individual disponível para a condução dos assuntos humanos, que não se encontram hoje, seguramente, tão bem providos nessa matéria que se possam dar ao luxo de dispensar metade do que a natureza oferece, a opinião das mulheres passaria então a exercer uma influência não tanto maior, mas mais benéfica, sobre o conjunto geral das crenças e sentimentos humanos. E digo mais benéfica em vez de maior porque a influência das mulheres sobre a tónica geral da opinião foi sempre – ou, pelo menos, desde a era mais recuada que se conhece – muito considerável. A influência das mães no carácter inicial dos filhos e o desejo dos rapazes de agradar às raparigas desempenharam, em todas as épocas de que há registo, uma acção importante na formação do carácter, tendo determinado alguns dos passos fundamentais no progresso da civilização. Mesmo na época homérica, o αἰδώς (sentimento de honra) para com as Τρωάδας ἑλκεσιπέπλους (troianas de longas túnicas) é um reconhecido e poderoso móbil da acção no grande Heitor.

A influência moral das mulheres tem-se feito sentir de duas formas. Em primeiro lugar, tem sido uma influência suavizante: estando mais sujeitas a ser vítimas de violência, as mulheres esforçaram-se naturalmente ao máximo por limitar a sua esfera e mitigar os seus excessos. Quem não foi ensinado a lutar tende logicamente a privilegiar modos pacíficos de resolver os conflitos. Foram geralmente aqueles que mais sofreram a incontinência das paixões egoístas de outros que mais acerrimamente defenderam qualquer lei moral que oferecesse uma forma de lhes pôr freio. As mulheres contribuíram significativamente para convencer os conquistadores do Norte a adoptar a fé cristã, uma religião que lhes era muito mais favorável do que qualquer outra das que a precederam. Pode-se dizer que a conversão dos anglo-saxões e dos francos começou pelas mulheres de Ethelbert e Clovis.

O outro modo pelo qual a opinião das mulheres se fez sentir visivelmente foi o poderoso estímulo que deram àquelas qualidades nos homens que, por não as terem elas próprias exercitado, lhes era necessário encontrar nos seus protectores. Foi assim que a coragem e as virtudes militares em geral deveram muito, em todas as épocas, ao desejo que os homens sentiam de ser admirados pelas mulheres. E esse estímulo ultrapassa em muito esta categoria particular de qualidades grandiosas, dado que, por uma consequência muito natural da sua posição, o melhor passaporte de um homem para a admiração e favor das mulheres foi sempre ser tido em alta consideração pelos outros homens. Foi, pois, da combinação destes dois tipos de influência moral exercidos pelas mulheres que nasceu o espírito de cavalaria, cuja peculiaridade residia no facto de pretender combinar o mais elevado modelo de qualidades guerreiras com o culto de virtudes de uma ordem totalmente diferente: a gentileza, a generosidade e a auto-abnegação para com as classes não militarizadas e os indefesos em geral, e uma especial submissão e veneração pelas mulheres – que se distinguiam das outras classes indefesas pelas recompensas elevadas que podiam voluntariamente conceder aos que se esforçassem por conquistar os seus favores, em lugar de os arrancarem pela força. Não obstante ter ficado ainda mais lamentavelmente aquém do seu modelo teórico do que a generalidade das práticas em relação às teorias, a prática da cavalaria permaneceu como um dos mais preciosos monumentos da história moral da nossa espécie – um notável exemplo de uma tentativa concertada e organizada por uma sociedade em que reinava a desordem e a desorientação para erigir e levar à prática um ideal moral muito mais avançado do que as suas condições e instituições sociais. Tão avançado que se viu totalmente frustrado no seu principal objectivo, apesar de não ter sido nunca inteiramente ineficaz, uma vez que deixou uma marca muito apreciável e, em grande medida, extremamente valiosa nas ideias e sentimentos de todas as épocas subsequentes.

O ideal de cavalaria representa o apogeu da influência da sensibilidade feminina sobre a cultura moral da humanidade. E, se as mulheres estivessem condenadas a permanecer na sua situação subordinada, seria realmente de lamentar que o modelo de cavalaria tenha desaparecido, uma vez que era o único capaz de mitigar os efeitos desmoralizadores daquela subordinação. Mas as mudanças nas condições gerais da espécie tornaram inevitável a substituição do ideal da moral cavaleiresca por um outro de natureza totalmente diferente. A cavalaria representava a tentativa de infundir elementos morais num estado da sociedade em que tudo dependia, para o bem e para o mal, do heroísmo individual, sob as influências suavizantes da delicadeza e da generosidade pessoais. Nas sociedades modernas, todas as coisas, incluindo no campo militar, são decididas, não pelo esforço individual, mas por operações combinadas de números, ao mesmo tempo que a principal ocupação da sociedade passou das lutas para os negócios, da vida militar para a vida industrial. As exigências desta nova vida não são mais avessas às virtudes da generosidade do que as da sociedade de antigamente, mas já não dependem inteiramente delas. Os principais alicerces da vida moral dos tempos modernos têm de ser a justiça e a prudência; o respeito de cada pessoa pelos direitos de todas as outras; e a capacidade de cada um para tomar conta de si próprio. A cavalaria deixou sem controlo legal todas as formas de iniquidade que reinavam impunes em toda a sociedade. Incentivou apenas uns quantos a praticar o bem, em vez do mal, pelo modo como orientou os instrumentos do louvor e da admiração. Mas aquilo em que a moral se deve sempre realmente apoiar é nas sanções penais – no seu poder dissuasor do mal. A segurança da sociedade não pode assentar numa simples homenagem ao bem, móbil demasiado fraco para a esmagadora maioria dos indivíduos e que, em muitos deles, não exerce sequer o mínimo efeito. A sociedade moderna tem condições para reprimir a injustiça em todos os domínios da vida através de um adequado exercício da força superior que a civilização lhe confere, de maneira a tornar a existência dos membros mais fracos do corpo social (não já indefesos, mas protegidos pela lei) tolerável para os próprios, sem que seja preciso contar com os sentimentos cavalheirescos dos que estão em posição de os tiranizar. As belezas e graças do espírito de cavalaria ainda são o que eram, mas os direitos dos fracos e o conforto geral da vida humana assentam agora numa base muito mais firme e segura – ou melhor, essa é a base de todas as relações na vida, excepto a conjugal.

Hoje em dia, a influência moral das mulheres não é menos real, mas deixou de ter um carácter tão marcado e definido: tende a diluir-se na influência geral da opinião pública. Mas, seja pelo contágio da simpatia, seja pelo desejo dos homens de brilhar aos olhos das mulheres, os sentimentos femininos contribuem decisivamente para manter vivo o que resta do ideal da cavalaria – favorecendo a sensibilidade e alimentando as tradições de bravura e generosidade. Nestes traços de carácter, o padrão das mulheres é mais elevado do que o dos homens. Já na qualidade da justiça, é um pouco menos exigente. No que toca às relações da vida privada, pode-se efectivamente dizer, em termos genéricos, que a influência das mulheres se revela globalmente incentivadora das virtudes mais brandas e dissuasiva das mais austeras – ainda que esta afirmação deva ter em conta todas as variações decorrentes do carácter individual. Na principal das maiores provas a que a virtude se vê submetida nos grandes dilemas da vida – o conflito entre interesse e princípio – o sentido da influência das mulheres é muito heterogéneo. Quando acontece que o princípio em causa é um dos muito poucos que a sua educação religiosa ou moral lhes deixou fortemente inculcado, as mulheres mostram-se poderosas auxiliares da virtude, e os seus maridos e filhos são frequentemente incitados por elas a actos de abnegação de que nunca seriam capazes sem aquele incentivo. Mas, com a presente educação e situação das mulheres, os princípios morais que lhes foram inculcados abrangem apenas uma parte relativamente pequena do campo da virtude, sendo, para além do mais, fundamentalmente negativos – ou seja, proíbem actos concretos, mas têm pouco a ver com a orientação geral dos pensamentos e intenções. Receio, pois, ter de dizer que o desinteresse na conduta geral na vida – ou seja, a consagração de energias a objectivos que não encerrem qualquer promessa de vantagens particulares para a família – só muito raramente é encorajado ou apoiado pela influência das mulheres. Não podemos, porém, atribuir-lhes grande culpa por desencorajarem propósitos de que não aprenderam a reconhecer os méritos, e que afastam os homens delas e dos interesses da família. Mas o resultado é que a influência das mulheres se revela frequentemente tudo menos favorável à virtude pública.

As mulheres exercem, no entanto, a sua quota--parte de influência na tónica geral da moral pública, uma vez que a sua esfera de acção foi um pouco alargada e um considerável número delas se ocupa a promover, na prática, objectivos que ultrapassam as respectivas famílias e lares. A influência das mulheres faz--se particularmente sentir em duas das mais vincadas características da vida europeia moderna: a sua aversão à guerra e a sua dedicação à filantropia. Duas excelentes características. Infelizmente, porém, se a influência das mulheres é valiosa no incentivo que dão a estes sentimentos em geral, já no que respeita às suas aplicações concretas, o modo como os orientam é, na melhor das hipóteses, tão útil quanto nocivo. No domínio da filantropia, mais especificamente, as duas principais esferas de acção cultivadas pelas mulheres são o proselitismo religioso e a caridade. Em casa, o proselitismo religioso traduz-se tão-só no acirramento de animosidades religiosas. No exterior, é geralmente uma corrida cega para um objectivo, sem conhecimento ou consideração dos danos fatais – fatais para o objectivo religioso em si e para todos os outros objectivos desejáveis – susceptíveis de serem produzidos pelos meios empregues. No que toca à caridade, trata-se de uma matéria em que o efeito imediato sobre as pessoas directamente envolvidas e as consequências últimas para o bem geral tendem a estar em completa contradição um com o outro – sendo que a educação dada às mulheres (uma educação dos sentimentos, em vez da razão) e o hábito que toda a sua vida nelas incute de considerarem os efeitos imediatos sobre as pessoas, e não os efeitos secundários sobre grupos sociais, as tornam em simultâneo incapazes de ver e avessas a admitir o resultado tendencialmente pernicioso de qualquer forma de caridade ou filantropia que conquiste o beneplácito dos seus espíritos compassivos. O elevado e continuamente crescente índice de benevolência míope e desinformada que, retirando a condução da vida das pessoas das suas próprias mãos e subtraindo-as às consequências nefastas dos seus actos, mina os próprios alicerces da auto-estima, do espírito de iniciativa e da autonomia, que são as condições essenciais quer da prosperidade individual, quer da virtude social – este desperdício de recursos e de sentimentos benevolentes a fazer mal em vez de bem – é imensamente avolumado e estimulado pelo contributo e influência das mulheres. Não que se trate de um erro em relação ao qual as mulheres estejam particularmente propensas quando têm efectivamente a seu cargo a gestão prática de programas de beneficência. Acontece por vezes que as mulheres que administram instituições públicas de caridade – com aquela argúcia para as situações presentes e, muito especialmente, para as mentes e sentimentos daqueles com quem se encontram em contacto directo, em que as mulheres geralmente superam os homens – reconhecem, com a maior das clarezas, o efeito desmoralizante das esmolas dadas ou da ajuda concedida, estando, pois, habilitadas a dar lições na matéria a muitos economistas políticos do sexo masculino. Mas como podemos esperar que mulheres que se limitam a dar o seu dinheiro, e nunca são confrontadas com as consequências que ele produz, sejam capazes de as antever? Como há-de uma mulher nascida para a presente condição das mulheres, e conformada com ela, apreciar o valor da autonomia? Ela própria não é autónoma, ninguém a ensinou a sê-lo. O seu destino é receber tudo dos outros, logo, por que motivo haveria de ser mau para os pobres o que é suficientemente bom para ela? A sua noção de bem comum é a de bênçãos derramadas por um superior.

Esquece que não é livre e os pobres são, e que, se aquilo de que eles necessitam lhes for dado de bandeja, não será possível compeli-los a ganhá-lo; esquece que as pessoas não podem estar todas a cargo dos outros, e que tem de existir uma razão que as leve a cuidar de si próprias; e que, por conseguinte, ensiná-las a tratar de si próprias, desde que sejam fisicamente capazes de o fazer, acaba por ser a única forma de caridade efectivamente digna desse nome.

Estas considerações demonstram com que benefícios práticos o papel que as mulheres desempenham na formação da opinião geral se modificaria para melhor graças à instrução mais alargada e ao conhecimento prático de coisas em que as suas opiniões influem que necessariamente decorreriam da sua emancipação social e política. Mas a melhoria que se faria sentir através da influência que cada uma delas exerce no seio da sua própria família seria ainda mais assinalável.

Diz-se frequentemente que, nas classes mais expostas à tentação, a mulher e os filhos de um homem tendem a mantê-lo honesto e respeitável, quer pela influência directa da mulher, quer pela preocupação que ele sente pelo seu futuro bem-estar. É possível que assim seja, e sem dúvida que frequentemente é, com aqueles que são mais fracos do que maus. E esta influência benéfica seria preservada e fortalecida com leis igualitárias – não depende da servidão da mulher, sendo, antes pelo contrário, diminuída pelo desrespeito que os homens de classe inferior nunca deixam, intimamente, de sentir por aqueles que se encontram sujeitos ao seu poder. Mas, quando ascendemos na escala social, encontramo-nos perante um jogo de forças totalmente diferente. Aí, a influência da mulher tende, na medida do possível, a evitar que o marido fique abaixo do critério geral de aprovação vigente no país. Só que tende, com idêntica força, a impedir que ele o supere. A mulher é a auxiliar da opinião pública comum. Um homem que seja casado com uma mulher de inteligência inferior à sua sente-a como um perpétuo peso morto ou, pior do que isso, um entrave a todas as suas aspirações a ser melhor do que aquilo que a opinião pública lhe exige. Será praticamente impossível para alguém que se encontre preso a tais cadeias atingir uma virtude elevada. Se a sua opinião for diferente da da massa – se vir verdades para que os outros não despertaram ainda, ou se, sentindo no seu íntimo verdades que eles nominalmente reconhecem, tiver desejo de agir em conformidade com elas de uma forma mais conscienciosa do que a generalidade das pessoas – para todos esses pensamentos e desejos o casamento será o mais pesado dos obstáculos, a menos que tenha a sorte de ter uma mulher tão acima do comum como ele próprio é.

O facto é que se impõe sempre, antes de mais, algum sacrifício do interesse pessoal, seja em termos de estatuto social ou a nível financeiro – possivelmente até com risco para os meios de subsistência. Um homem pode estar disposto a enfrentar esses sacrifícios e riscos – mas pensará duas vezes antes de os impor à família. E a família significa, neste caso, a mulher e as filhas, pois ele tenderá sempre a esperar que os filhos partilhem das suas convicções e estejam identicamente dispostos a prescindir do mesmo que ele, em nome da mesma causa. Mas as filhas... o casamento delas pode estar dependente da sua atitude. E a mulher, incapaz de participar, ou até mesmo de entender os objectivos pelos quais esses sacrifícios são feitos – e que, se os considerasse dignos de algum sacrifício, o faria por uma questão de confiança, unicamente por amor dele – a mulher, que não pode partilhar minimamente do entusiasmo ou do orgulho em si mesmo que o marido possa sentir, porquanto as coisas que ele está disposto a sacrificar são, afinal, do maior interesse dela – tendo tudo isto em conta, não será o melhor e o mais altruísta dos homens o mais hesitante em sujeitar a mulher a tais consequências? Mesmo que não seja o conforto da família, mas apenas a consideração social que está em risco, o fardo sobre a sua consciência e coração é, ainda assim, muito pesado. Todo aquele que tem mulher e filhos está refém das convenções da sociedade. E, ainda que a aprovação dessa entidade soberana lhe seja indiferente, assume uma grande importância para a mulher. O homem, por si, pode estar acima das opiniões dos outros, ou encontrar compensação suficiente na opinião daqueles que comungam das suas ideias. Mas às mulheres a que se encontra ligado não pode oferecer compensação alguma. A quase invariável tendência da esposa para colocar a sua influência na mesma escala que a consideração social é por vezes motivo de censura em relação às mulheres, sendo apresentada como um traço típico da fraqueza e da infantilidade do seu carácter – o que é seguramente uma grande injustiça. A verdade é que a sociedade faz de toda a vida de uma mulher, nas classes mais abastadas, um contínuo auto-sacrifício. Exige dela uma permanente repressão de todas as suas inclinações naturais, e a única compensação que lhe oferece por aquilo que muitas vezes mereceria o nome de martírio é a consideração social. E, estando essa consideração inextricavelmente ligada à do marido, ela descobre que, após ter pago integralmente o preço pela sua conquista, está prestes a perdê-la, e por nenhuma razão de que consiga descortinar a lógica. Sacrificou toda a sua vida por essa consideração social, e o marido não quer sacrificar-lhe um capricho, uma fantasia, uma excentricidade – algo que o mundo não reconhece nem permite e que, tal como ela, considerará uma loucura, ou pior ainda! E o maior de todos os dilemas é o daquela categoria muito meritória de homens que, não possuindo talentos que lhes permitam destacar-se entre aqueles cuja opinião partilham, defendem as suas ideias por convicção e se sentem obrigados, em honra e consciência, a colocar-se ao serviço delas, fazendo profissão da sua fé e oferecendo o seu tempo, labor e recursos a tudo quanto seja empreendido em seu nome. O pior de todos os casos é quando acontece esses homens serem de uma classe e de uma posição que, por si só, não lhes abre nem lhes veda o acesso ao que se considera ser a melhor sociedade – ou seja, quando a sua admissão nessa sociedade depende sobretudo de como são pessoalmente considerados e, por muito irrepreensíveis que sejam a sua educação e os seus hábitos, o facto de serem conotados com opiniões e comportamentos públicos tidos como inaceitáveis por aqueles que impõem o tom à sociedade resultaria numa efectiva exclusão. Há muita mulher convencida (e, em noventa por cento dos casos, rotundamente enganada) de que nada a impediria, e ao respectivo marido, de ascender à mais alta sociedade das redondezas – uma sociedade em que outros que ela bem conhece, pois pertencem à mesma classe social, e misturam-se à vontade – não fora o facto de o seu marido ser, infelizmente, um dissidente ou ter fama de andar metido em ignóbeis radicalismos políticos. É por isso, pensa ela, que o George não arranja colocação ou cargo, nem a Carolina um bom casamento; e que ela e o marido não recebem os convites, nem talvez mesmo as honras a que, na sua maneira de ver, não teriam menos direito do que certas pessoas. Com uma influência destas em cada casa, seja ela activamente exercida, ou até mais poderosa ainda por agir sub-repticiamente, será pois de admirar que a generalidade das pessoas permaneça subjugada a essa medíocre respeitabilidade que se está a tornar a característica marcante da época moderna?

Existe um outro aspecto muito nocivo em que o efeito, não da discriminação das mulheres directamente, mas da nítida linha divisória que essa discriminação instaura entre a educação e o carácter de uma mulher e os de um homem tem de ser considerada. É que nada poderia ser mais desfavorável à união de pensamentos e inclinações que constitui o ideal da vida matrimonial. O convívio íntimo entre pessoas radicalmente diferentes é um sonho utópico. A diferença pode atrair, mas é a semelhança que retém – e proporcional a essa semelhança será a adequação dos indivíduos para propiciarem um ao outro uma vida feliz. Enquanto as mulheres forem tão diferentes dos homens não é de admirar que os homens egoístas sintam necessidade de ter um poder arbitrário nas mãos para travar *in limine* este perpétuo conflito de inclinações, decidindo todas as questões em função das suas conveniências. Quando as pessoas são extremamente diferentes uma da outra não pode haver uma verdadeira identidade de interesses. Existe muitas vezes, entre pessoas casadas, uma diferença de opinião em questões morais de suma importância. Haverá alguma autenticidade numa união conjugal em que tal aconteça? Está, no entanto, longe de ser uma situação incomum, onde quer que seja, sempre que a mulher tem alguma seriedade de carácter. E é mesmo muito frequente nos países católicos, onde ela é apoiada na sua divergência pela única outra autoridade que a ensinaram a reverenciar: o padre. Com a habitual desfaçatez do poder que não está acostumado a ver-se posto em causa, a influência dos padres sobre as mulheres é atacada por escritores protestantes e liberais, não tanto por ser nociva em si mesma, mas por representar uma autoridade rival da do marido, fomentando a revolta contra a sua infalibilidade. Em Inglaterra, verificam-se ocasionalmente diferenças deste teor, quando uma mulher evangélica casa com um homem de outra fé. Mas, de um modo geral, esta fonte de atrito é eliminada pela redução das mentes femininas a uma tal nulidade que não manifestam outras opiniões que não sejam as ditadas pelas convenções sociais ou aquelas que os maridos lhes impõem. Mas, mesmo quando não existe diferença de opinião, as simples diferenças de gosto podem ser suficientes para afectar muito negativamente a felicidade conjugal. E, ainda que isso possa estimular as inclinações amorosas dos homens, em nada contribui para a felicidade do casamento exagerar, pelas diferenças de educação, o que possam ser as diferenças inatas entre os dois sexos. Se os membros do casal forem ambos educados e amáveis, mostrar-se-ão tolerantes para com as preferências de cada um. Mas será por tolerância mútua que as pessoas anseiam quando se casam? Se não forem restringidas por afeição ou dever, essas divergências de gosto fá-los-ão naturalmente ter desejos diferentes em quase todas as questões domésticas que se coloquem. E que diferença não haverá no círculo social que os dois quererão frequentar ou atrair a sua casa! Cada um desejará conviver com pessoas que partilhem dos seus próprios gostos, e as pessoas que agradarem a um serão indiferentes ou positivamente desagradáveis para o outro. E, no entanto, nenhuma dessas relações poderá deixar de ser comum a ambos, pois as pessoas casadas não vivem, hoje em dia, em aposentos diferentes da casa, com listas de visitas totalmente distintas, como acontecia no reino de Luís XV. Inevitavelmente também, terão desejos diferentes no que toca à educação dos filhos: cada um desejará ver reproduzidos neles os seus próprios gostos e sentimentos; e, ou chegam a um compromisso, com apenas meia satisfação para ambos ou a mulher terá de ceder – muitas vezes, com amargo sofrimento. Mas, deliberadamente ou não, a sua influência oculta continuará a contrariar as intenções do marido.

Seria, evidentemente, um perfeito disparate supor que estas diferenças de sensibilidade e gosto apenas existem porque as mulheres têm uma educação diferente dos homens e que, se assim não fosse, não haveria divergências de opinião em circunstância alguma. Mas não constitui nenhum exagero dizer que o facto de terem uma educação distinta agrava imensamente essas diferenças, tornando-as absolutamente inevitáveis. Enquanto as mulheres continuarem a ser criadas como são, só muito dificilmente um homem e uma mulher encontrarão um no outro uma verdadeira afinidade de gostos e desejos em tudo o que se refira à sua vida quotidiana. Terão, por norma, de abandonar essa aspiração como vã, renunciando à tentativa de encontrar, no companheiro íntimo da sua vida diária, esse *idem velle, idem nolle*, que constitui reconhecidamente o vínculo de qualquer sociedade no verdadeiro sentido da palavra. Ou então, se o homem conseguir encontrá--lo, será porque escolheu para mulher uma nulidade tão completa que não tem *velle* nem *nolle* algum, e está tão disposta a aceitar uma coisa como outra, desde que alguém lhe diga para o fazer. Mas mesmo esse cálculo está sujeito a falhar – a insipidez e a falta de personalidade nem sempre são uma garantia da submissão que tão confiadamente se espera. E, mesmo que fossem, será esse o ideal do casamento? O que é que um homem obtém num caso desses, a não ser uma governanta, uma ama ou uma amante? Quando, pelo contrário, nenhum dos dois é um zero, mas alguém; quando existe afecto mútuo e ambos não são, logo à partida, demasiado diferentes um do outro – quando isso acontece, a constante partilha das mesmas coisas, conjugada com a sua empatia recíproca, despertará as capacidades latentes em cada um para se interessar por aquilo que, a princípio, apenas interessava ao outro.

E assim se operará uma gradual assimilação dos gostos e personalidades dos dois, em parte pela subtil modificação de cada um, mas mais por um real enriquecimento da natureza de ambos, traduzido no facto de cada um deles adquirir os gostos e capacidades do outro, em acréscimo aos que já inicialmente tinha. Esta situação é frequente entre dois amigos do mesmo sexo que mantenham um convívio estreito na sua vida diária. E seria uma situação comum, se não mesmo a mais comum, no casamento, não fora o facto de a educação totalmente diferente dos dois sexos tornar quase impossível a constituição de uma união realmente harmónica. Fosse isto obviado e, quaisquer que fossem as diferenças que pudessem ainda subsistir em termos de preferências individuais, existiria pelo menos, como regra geral, uma perfeita união e unanimidade no que respeita aos grandes objectivos da vida. Quando as duas pessoas têm aspirações elevadas e se ajudam e incentivam uma à outra em tudo o que lhes permita concretizá-las, as questões menores em que os seus gostos possam diferir não assumem grande importância para ambas. E possuem um alicerce para uma amizade sólida e duradoura, mais propícia do que qualquer outra coisa a fazer com que, ao longo de toda a sua vida, cada um sinta maior prazer em proporcionar prazer ao outro do que em recebê-lo ele mesmo.

Até aqui, analisei as consequências sobre os prazeres e benefícios da união conjugal que decorrem de uma mera dissemelhança entre marido e mulher. Mas o efeito potencialmente nefasto é extraordinariamente agravado quando aquela dissemelhança é sinónimo de inferioridade. A simples dissemelhança, quando significa apenas diferença de boas qualidades, pode representar mais um benefício para o desenvolvimento mútuo do que um óbice ao bem-estar. Quando cada um emula, deseja, e se esforça por adquirir as qualidades específicas do outro, a diferença não produz diversidade, mas antes uma acrescida identidade de interesses, tornando cada um ainda mais valioso para o outro. Mas quando um dos dois é muito inferior ao outro em capacidade intelectual e cultura e não se esforça activamente por, com a sua ajuda, aceder ao nível dele, toda a influência da relação sobre o desenvolvimento do superior se torna deteriorante – e mais ainda num casamento razoavelmente feliz do que num casamento infeliz. Não é, de facto, impunemente que uma pessoa superior em intelecto se acorrenta a uma inferior, elegendo-a como sua companheira privilegiada e a única com quem irá viver na mais estreita intimidade. Toda a relação em que não há progresso conduz à deterioração – tanto maior quanto mais próxima e familiar for. Mesmo um homem verdadeiramente superior começa quase sempre a degradar-se quando é habitualmente (como se costuma dizer) o rei da sua companhia – e, na sua companhia mais habitual, o marido que tem uma mulher inferior a ele é sempre rei. E, ainda que, por um lado, a sua auto-satisfação seja incessantemente alimentada, vai por outro absorvendo, sem se dar conta, maneiras de sentir e de ver as coisas que são próprias de uma mente muito mais vulgar e limitada do que a sua.

Ora, este mal distingue-se de muitos dos que até aqui analisámos por ser tendencialmente crescente. Nos nossos dias, a relação quotidiana entre homens e mulheres é muito mais estreita e completa do que alguma vez foi. A vida dos homens tornou-se mais doméstica. Antigamente, os seus prazeres e ocupações predilectas tinham lugar entre homens e na companhia destes, e as mulheres partilhavam apenas uma pequena parcela das suas vidas. No nosso tempo, o progresso da civilização e a mudança de atitude contra as diversões grosseiras e os excessos de convivialidade que outrora preenchiam as horas de lazer da maioria dos homens – aliado, devemos dizê-lo, à melhoria registada no modo como presentemente se encara a reciprocidade de deveres entre marido e mulher – levaram o homem a centrar-se muito mais em casa e no seu círculo familiar, para os seus prazeres pessoais e sociais. E, embora o tipo e grau de progresso que se verificou na educação das mulheres as tenha tornado, em certa medida, capazes de serem suas companheiras em ideias e interesses intelectuais, deixa-as ainda, na maioria dos casos, irremediavelmente inferiores a ele. Assim sendo, o homem acaba geralmente por satisfazer o seu desejo de comunhão mental com um tipo de comunhão em que não aprende nada. O convívio com os seus congéneres em capacidades e os seus companheiros de projectos mais elevados (que, fossem outras as circunstâncias, se poderia ter visto obrigado a procurar) cede lugar a uma companhia estagnante e desmotivadora. Vemos, em consequência, que jovens de grande potencial deixam geralmente de progredir assim que se casam e, uma vez que não progridem, começam inevitavelmente a degenerar. Quando não faz avançar o marido, a mulher arrasta-o sempre para trás. Ele deixa de se interessar pelo que ela não se interessa. Já não deseja, e acaba mesmo por aborrecer e evitar as companhias propícias às suas antigas aspirações, que o fariam envergonhar-se de as ter abandonado. As suas faculdades mais elevadas, tanto do intelecto como da sensibilidade, deixam de ser exercitadas. E, coincidindo essa mudança com o egoísmo dos novos interesses criados pela família, ao fim de alguns anos, ele já quase em nada se distingue daqueles que nunca tiveram outras aspirações na vida que não fossem as vaidades vulgares e ambições financeiras.

Não vou sequer tentar descrever o que pode ser o casamento no caso de duas pessoas cultas, de opiniões e objectivos idênticos, entre as quais exista a melhor forma de igualdade, que é aquela similitude de poderes e capacidades reciprocamente superiores graças à qual cada um pode gozar o privilégio de admirar o outro, e ter alternadamente o prazer de conduzir e ser conduzido no caminho do desenvolvimento. Para os que sejam capazes de concebê-lo, não é necessário; para os que não são, pareceria o sonho de um idealista. Mas mantenho, com a mais profunda das convicções, que é este, e unicamente este, o ideal do casamento; e que todas as opiniões, costumes e instituições que favoreçam qualquer outra noção dele, ou desviem os conceitos e aspirações que lhe estão associados noutro sentido, não passam, seja qual for o verniz sob o qual se dissimulem, de relíquias da barbárie primitiva. A regeneração moral da humanidade só terá verdadeiramente início quando a mais fundamental de todas as relações sociais for colocada sob a égide da justiça igualitária e os seres humanos aprenderem a cultivar a sua mais forte empatia com um igual em direitos e formação.

Até aqui, os benefícios que o mundo aparentemente tiraria do facto de deixar de fazer do sexo um motivo para privilégios discriminatórios e um emblema da sujeição são mais sociais do que individuais: um acréscimo da reserva geral de pensamento e poder de agir e uma melhoria nas condições gerais da relação entre homens e mulheres. Mas seria um grave menosprezo do fulcro da questão omitir o benefício mais directo de todos: o incomensurável ganho em felicidade individual resultante da libertação de metade da espécie humana – a diferença para as mulheres entre uma vida de sujeição à vontade dos outros e uma vida de liberdade racional. A seguir às necessidades primárias de alimentação e vestuário, a liberdade é a primeira e a mais forte exigência da natureza humana. Enquanto os seres humanos viveram sem leis, o seu desejo era o de uma liberdade sem regras. Quando aprenderam a apreciar o significado do dever e o valor da razão, foram progressivamente tendendo a deixar-se guiar e restringir por eles no exercício da sua liberdade. Mas não passaram, por isso, a desejar menos a liberdade; não ficaram dispostos a aceitar a vontade de outras pessoas como representante e intérprete desses princípios orientadores. Pelo contrário, as comunidades em que a razão foi mais cultivada e em que a ideia de dever social se mostrou mais poderosa são aquelas que mais energicamente afirmaram a liberdade de acção do indivíduo – a liberdade de cada um orientar a sua conduta pelo seu próprio sentido do dever e pelas leis e restrições sociais que a sua própria consciência possa subscrever.

Todo aquele que seja capaz de apreciar devidamente o valor da independência pessoal como componente de uma vida feliz deveria considerar a importância que ele mesmo lhe atribui enquanto ingrediente da sua própria felicidade. Ora, não há matéria em que se encontre, por norma, uma tão grande diferença entre o juízo que um homem faz no seu próprio caso e aquele que faz em relação aos outros. Quando ouve pessoas queixarem-se de não lhes ser dada liberdade de acção – de a sua vontade não influir suficientemente na gestão dos seus próprios assuntos – a sua tendência é para perguntar quais são as suas razões de queixa; que danos concretos sofreram; e em que aspecto consideram que os seus assuntos estão a ser mal geridos? E se elas, em resposta a estas perguntas, não conseguirem demonstrar o que lhe pareça um caso suficientemente fundamentado, faz ouvidos de mercador e encara os seus protestos como lamúrias caprichosas de pessoas que nunca se dão por contentes com nada. Mas o seu critério já se revela completamente diferente quando é ele que está em causa. Aí, a mais irrepreensível administração dos seus interesses por um tutor colocado acima dele não o satisfaz de modo algum. A exclusão da sua pessoa do poder de decisão parece-lhe, por si só, a maior das injustiças, tornando supérfluo entrar sequer na questão de uma eventual má administração.

E o mesmo se passa com as nações. Que cidadão de um país livre daria ouvidos a quaisquer propostas de uma boa e hábil administração, se a contrapartida fosse abdicar da liberdade? Ainda que pudesse acreditar que um povo governado por uma vontade imposta pode ter uma boa e competente administração, não consideraria que a consciência de moldar o seu próprio destino, sob a sua própria responsabilidade individual, compensava o desagrado que lhe pudesse causar um grande desleixo e imperfeição nas minudências dos assuntos públicos? Pois esse homem pode estar certo de que tudo o que sinta neste ponto também as mulheres sentem em mesmíssima medida. Tudo quanto foi dito ou escrito, desde o tempo de Heródoto até ao presente, acerca da influência dignificante do governo livre – do vigor e energia que confere a todas as faculdades, dos objectivos mais amplos e elevados que propõe ao intelecto e aos sentimentos, do espírito público mais altruísta e das noções de dever mais latas e serenas que gera, assim como do patamar, geralmente mais grandioso, a que eleva o indivíduo enquanto ser moral, espiritual e social – tudo isso é tão incondicionalmente verdadeiro para as mulheres como para os homens. E não são estas coisas uma parte importante da felicidade individual?

Sugiro que qualquer homem recorde o que ele mesmo sentiu ao deixar a adolescência – saindo da tutela e controlo dos adultos, ainda que afectuosos e amados – e ao assumir as responsabilidades da vida adulta. Não terá tido a sensação de quem se vê livre de um grande peso, ou se liberta de cadeias constrangedoras, mesmo que de nenhuma outra forma penosas? Não se sentiu duas vezes mais vivo, duas vezes mais pessoa do que antes? E imagina ele que as mulheres não experimentam nenhum destes sentimentos? Mas é um facto notório que as satisfações e mortificações do orgulho pessoal, apesar de sumamente importantes para a maioria dos homens quando eles próprios estão em causa, já não são encaradas com a mesma tolerância no caso de outras pessoas, sendo menos aceites como motivo ou justificação da conduta do que quaisquer outros sentimentos humanos naturais – talvez porque, no seu próprio caso, os homens os embelezem com os nomes de tantas outras qualidades que raramente têm consciência de quão poderosa é a influência que esses sentimentos exercem nas suas vidas. Mas não é menos grande e poderoso, disso podemos estar certos, o papel que desempenham na vida e na sensibilidade das mulheres. Embora sejam ensinadas a reprimi-los na sua expressão mais natural e saudável, o princípio interno mantém-se, sob uma forma exterior diferente. Uma mente activa e enérgica, se privada de liberdade, buscará o poder: impedida de mandar em si própria, afirmará a sua personalidade tentando controlar os outros. Não permitir a um ser humano qualquer existência própria para além do que depende de terceiros é impeli-lo demasiadamente a subordinar os outros aos seus próprios fins. Quando não há esperança de liberdade, mas apenas de poder, o poder converte-se no grande objecto do desejo humano. Aqueles que se vêem impedidos pelos outros de conduzir tranquilamente a sua própria vida procurarão compensar-se, sempre que possível, interferindo na vida alheia, com vista a servir os seus próprios interesses. Daqui deriva também a obsessão das mulheres pela sua beleza, vestuário e exibição, bem como todos os males que daí decorrem, em termos de luxo pernicioso e imoralidade social. O amor ao poder e o amor à liberdade estão em eterno antagonismo. É onde existe menos liberdade que a paixão pelo poder é mais ardente e imoral. O desejo de poder sobre os outros só deixará de ser um agente corruptor da humanidade quando todas as pessoas puderem, individualmente, passar sem ele – o que apenas acontecerá quando o respeito pela liberdade da vida pessoal de cada um for um princípio estabelecido.

Mas não é só através do sentimento de dignidade pessoal que a livre direcção e disposição das faculdades próprias de cada um constitui uma fonte de felicidade individual e que ver-se aperreado e restringido no seu exercício é fonte de infelicidade para os seres humanos, incluindo naturalmente as mulheres. Não existe nada, a seguir à doença, à indigência e à culpa, que seja tão fatal para um aprazível desfrutar da vida como a privação de um objecto digno onde aplicar as faculdades activas. As mulheres que têm uma família para cuidar encontram, enquanto esse encargo dura, uma forma de actividade que geralmente lhes basta. Mas que dizer do tão crescente número de mulheres que não tiveram oportunidade de exercer a vocação pela qual são escarnecidas quando lhes dizem ser a que lhes compete? Que dizer das mulheres que perderam os filhos por morte ou afastamento, ou cujos filhos cresceram, casaram e constituíram as suas próprias famílias? Existem abundantes exemplos de homens que, depois de uma vida inteiramente consagrada aos negócios, se aposentam preparados, esperam eles, para um agradável descanso, mas a quem, dada a sua incapacidade de descobrir novos interesses e estímulos passíveis de substituir os antigos, a mudança para uma vida de inactividade traz unicamente tédio, melancolia e uma morte prematura. E, no entanto, ninguém pensa no caso paralelo de tantas valorosas e dedicadas mulheres que, tendo pago o que lhes dizem ser a sua dívida para com a sociedade – ou seja, tendo criado irrepreensivelmente os filhos até serem homens e mulheres feitos, e governado uma casa enquanto esta necessitou do seu serviço – se vêem dispensadas da única ocupação para a qual estavam preparadas; e ficam assim com não menos energia do que antes, mas sem ter onde a aplicar, a menos que uma filha ou uma nora estejam eventualmente dispostas a abdicar a seu favor do desempenho de idênticas tarefas no seu novo lar. Sem dúvida, um destino triste para a velhice de quem honradamente desempenhou, durante todo o tempo em que lhe foi dado fazê-lo, o que o mundo considera ser o seu único dever social. Para essas mulheres, e para todas aquelas que não tiveram ocasião de cumprir o mesmo dever – muitas das quais vão estiolando ao longo da vida com a consciência de vocações frustradas e de energias a que não puderam dar vazão – os únicos recursos são, de um modo geral, a religião e a caridade. Mas a sua religião, mesmo que baseada numa fé autêntica e na observância de rituais, só poderá ser uma religião de acção sob a forma da caridade –

actividade para que muitas mulheres estão, por natureza, admiravelmente talhadas. Só que praticá-la de forma útil, ou até mesmo sem causar danos, requer a educação, a preparação diversificada, o conhecimento e a capacidade de raciocínio de um hábil administrador. Serão poucas as funções administrativas de um governo que uma pessoa capaz de ministrar eficazmente a caridade não estaria apta a desempenhar. Neste, como noutros casos (e de sobremaneira no da educação das crianças), as actividades permitidas às mulheres não poderão ser convenientemente desempenhadas se elas não forem preparadas para funções que, para grande prejuízo da sociedade, não estão autorizadas a exercer. E, neste ponto, observe-se o modo singular como a questão da incapacidade das mulheres é frequentemente apresentada pelos que acham mais fácil caricaturar aquilo de que não gostam do que contestar os argumentos dos que o defendem. Quando se sugere que as capacidades executivas e os conselhos avisados das mulheres poderiam, por vezes, mostrar-se valiosos em assuntos de Estado, estes alegres galhofeiros suscitam o escárnio geral com a imagem de raparigas adolescentes sentadas no Parlamento ou em gabinetes ministeriais, ou de jovens esposas de vinte e dois ou vinte e três anos, fisicamente transportadas, exactamente como se encontram, da sua sala de visitas para a Câmara dos Comuns. Esquecem-se de que os homens não são habitualmente escolhidos numa idade tão precoce para um lugar no Parlamento ou para o desempenho de funções políticas de responsabilidade. O senso comum deveria dizer-lhes que, se tais cargos fossem confiados a mulheres, seria àquelas que, não tendo particular vocação para a vida matrimonial, ou preferindo dar outro uso às suas faculdades (tal como muitas mulheres, mesmo nos nossos dias, preferem ao casamento algumas das poucas ocupações honrosas que estão ao seu alcance), tivessem passado os melhores anos da sua juventude a tentar qualificar-se para as profissões por que desejavam enveredar; ou, talvez mais frequentemente ainda, viúvas ou mulheres casadas de quarenta ou cinquenta anos, cuja experiência de vida e capacidade administrativa adquirida no seio das suas respectivas famílias pudessem, com a ajuda de estudos adequados, aplicar-se a um âmbito mais vasto.

Não existe nenhum país na Europa em que os homens mais capazes não tenham frequentemente experimentado, e vivamente apreciado, o valor dos conselhos e do auxílio de mulheres inteligentes e vividas na concretização de objectivos tanto privados como públicos. E há importantes matérias da administração pública em que poucos homens serão tão competentes quanto essas mulheres, como é o caso, entre outros, do controlo minucioso das despesas. Mas o que agora estamos a discutir não é a necessidade que a sociedade tem dos serviços das mulheres nos assuntos públicos, mas sim a vida monótona e desesperante a que tantas vezes as condena, ao proibi-las de exercer as capacidades práticas que muitas delas estão conscientes de possuir, em qualquer outro campo mais vasto do que aquele que para algumas delas nunca esteve – e para outras já deixou de estar – aberto. Se existe algo de vitalmente importante para a felicidade dos seres humanos é a possibilidade de sentirem prazer naquilo que habitualmente fazem. Ora esta condição para uma vida agradável é muito insuficientemente concedida, ou até mesmo inteiramente negada, a uma grande parte da humanidade. E, em virtude da sua ausência, há muitas vidas que são um fracasso, mesmo quando aparentemente providas de todos os ingredientes do sucesso. Mas, se circunstâncias que a sociedade não é ainda suficientemente hábil para ultrapassar tornam muitos desses fracassos presentemente inevitáveis, a sociedade, ela mesma, não tem necessariamente de os infligir. A imponderação dos pais, a inexperiência própria de um jovem ou a falta de oportunidades exteriores para realizar a sua verdadeira vocação – e a sua existência, em contrapartida, em profissões incompatíveis com ela – condenam numerosos homens a passar a vida a fazer algo contrariadamente e mal, quando havia outras coisas que poderiam ter feito de bom grado e bem. Mas, às mulheres, esta sentença é verdadeiramente imposta por lei e por costumes equivalentes a leis. O que, em sociedades obscurantistas, a cor, a raça, a religião ou, no caso de um país conquistado, a nacionalidade representa para alguns homens, é o que o sexo representa para todas as mulheres: uma exclusão peremptória de quase todas as funções honrosas, à excepção daquelas que não possam ser preenchidas por outros, ou que esses outros não considerem dignas. O sofrimento decorrente de causas desta natureza depara geralmente com uma tal incompreensão que poucas são as pessoas conscientes da imensa infelicidade que, mesmo nos nossos dias, é gerada pelo sentimento de uma vida desperdiçada. E esta situação tornar-se-á ainda mais frequente à medida que o aumento da educação for criando uma desproporção cada vez maior entre as ideias e faculdades das mulheres e a liberdade de acção que a sociedade lhes concede para o seu exercício.

Quando consideramos o incontestável malefício infligido à metade discriminada da espécie humana pela sua discriminação – primeiro, pela perda da mais estimulante e exaltante forma de prazer pessoal e, depois, pelo cansaço, desilusão e profunda insatisfação com a vida que tantas vezes a substituem – não podemos deixar de sentir que, de todas as lições de que os homens precisam para prosseguir a luta contra as inevitáveis imperfeições do seu destino na Terra, nenhuma lhes será mais necessária do que a de aprenderem a não agravar os males que a natureza inflige com as restrições que, por rivalidade e preconceito, se impõem uns aos outros. Os seus infundados receios apenas os levam a pôr outros e piores males no lugar daqueles por que futilmente se preocupam – ao passo que todo o constrangimento à liberdade de acção de qualquer um dos seus semelhantes (que não vise unicamente responsabilizá-lo de qualquer prejuízo dela decorrente) seca *pro tanto* a principal fonte da felicidade humana, deixando a nossa espécie incalculavelmente empobrecida em tudo o que representa o valor da vida para um indivíduo.